싸우는 저널리스트들

싸우는 저널리스트들
-국경 없는 기자회의 도전과 모험

초판 1쇄 발행 2006년 8월 1일

지은이   로베르 메나르
옮긴이   성욱제
펴낸이   이문수
교정·편집   이만옥
디자인   민진기 디자인
펴낸곳   바오출판사

등록   2004년 1월 9일 제313-2004-000004호
주소   서울시 마포구 서교동 469-5 정서빌딩 403호(121-842)
전화   02)323-0518 문서전송 02)323-0590
전자우편   baobooks@naver.com

ISBN 89-91428-03-7 03070

※값은 뒤표지에 있습니다. ※잘못 만든 책은 바꿔드립니다.

ces

journalistes

국경 없는 기자회의 도전과 모험

싸우는 저널리스트들

로베르 메나르 지음 | 성욱제 옮김

바오

어머니께

아이들에게

에마뉘엘에게

머리말

이 책이 프랑스에서 처음 출판된 2001년 봄 이후부터 지금까지 전 세계의 언론자유 상황은 좀처럼 개선되고 있지 않다. 저널리스트에 대한 공격을 멈추지 않고 있는 나라도 여전히 상당수 존재하고 있다. 게다가 최악인 것인, 2001년 9월 11일 미국 뉴욕의 세계무역센터가 테러를 당한 이후 우리 인류는 이제까지 경험해보지 못한 전혀 새로운 정치의 시대에 돌입했다는 사실이다. 즉 테러리즘에 대한 투쟁—물론 그 자체는 필요한 것이다—이 언론자유를 제한하고 또 그것에 이의를 제기하는 사람들을 공격하기 위해 조직적으로 원용되고 도구화되고 있는 시대인 것이다. 그로 인해 언론의 자유 역시 격변의 시대를 맞고 있다.

오늘날 '언론의 자유'는 전 세계에서 심각한 공격의 대상이 되고 있다. 그런 공격은 언론만이 아니라 언론과 관련된 사람들, 특히 저널리스트를 표적으로 삼는 형태를 띠고 있다. 실제로 저널리스트에 대한 협박과 습격, 체포, 투옥, 고문, 살해 등 이루 헤아릴 수 없을 만큼 많은 공격의 사례들이 보고되고 있다. 예컨대 유엔에 가입한 191개국의 거의 절반은 여전히 언론의 자유를 전혀 존중하고 있지 않다. 과거에는 그 유례를 찾을 수 없을 만큼 많은 저널리스트들이 소송과 압박에 시달리고 있으며, 또 많은 언론이 검열을 당하고 있다. 그리고 표현의 자유라는 원칙을 지키고 있다고 강변하면서도 실제로 그것을 존중하는 나라 역시 극소수에 불과한 실정이다. 많은 나라의 지도자들은 당국의 뜻대로 움직이는 경찰이나 사법부를 통해 자유를 침해하는 법률을 승인토록 함으로써 자신들이 억압하고 있다는 사실조차 정당화하고 있다. 지금 현재도 전 세계 20여 개 국가의 국민들은 최소한의 언론자유도 누리지 못하고 있으며, 국가 당국이 발표하는 소식 외에는 뉴스를 보고 읽고 듣는 일이 불가능하다. 이처럼 언론자유를 빼앗는, 이른바 자유의 '약탈자들' 모두를 이야기하기에는 그 숫자가 너무나 많다. 실제로 중국에서 버마까지, 또 아프리카의 에리트레아(Eritrea)에서 적도 기니에 이르기까지 자국의 국민들이 누려야 할 가장 기본적인 권리조차 가볍게 짓밟는 전제 군주는 그 수를 셀 수 없을 정도이다. 구체적인 예를 들어보자.

2003년 3월, 쿠바에서는 약 30명의 저널리스트를 비롯해 80여 명의 반체제 인사들이 최고 징역 27년형을 언도받은 바 있다. 이들은

"배신자", 즉 미국에 이로운 행위를 한 배신자로 처벌을 받았다. 쿠바 검찰은 저널리스트이자 시인인 라울 리베로가 외국 언론에 "편향된 기사"를 썼다는 이유로 고발했다. 그리고 "미국 정부의 조종을 받는 대러리스트 조직인 국경 없는 기자회와 협력했다"고 비난했다. 재판은 사전에 짜놓은 각본대로 일사천리로 진행되었다. 마치 스탈린주의가 맹위를 떨치던 시대로 돌아가는 듯 했고, 모든 것이 잘 맞아들어 갔다. 법정에는 리베로를 경찰에 밀고한 신고자와 스파이, 그리고 수사관들이 증언을 위해 차례로 모습들 나타냈다. 법정 밖 길거리에서는 경찰들이 삼엄하게 경계를 폈고, 이 사건에 관심을 가진 외국 언론의 특파원이나 외교관들은 모조리 쫓겨났다. 이런 상황 속에서 리베로는 외롭게 자신을 변호했다. 그는 "나는 단순히 저널리스트이며, 그 이상도 그 이하도 아니다"라고 거듭 이야기했다. 그리고 "나는 정치적 음모를 꾸미려 한 것이 아니다. 단지 글을 썼을 뿐"이라는 저널리스트다운 명언을 남겼다.

오랜 역사를 가진 민주주의 국가 중에서도 테러리즘에 대한 투쟁이라는 상투적인 명분을 내세워 일말의 주저함도 없이 제멋대로 자유를 짓밟는 나라도 있다. 최근 아프가니스탄과 이라크에서 일어난 전쟁에서도 보았듯이 그 당사자들은 인권 존중의 중요성에 대해 아무런 관심도 갖지 않고 있다. 독재정권의 공약 파기에 대해서는 어느 누구도 놀라지 않을 테지만, 민주주의 전통을 가진 나라가 같은 행태를 보인다면 사람들은 큰 충격을 받을 것이다. 이라크 전쟁의 예를 들어보자.

언론의 측면에서 보면, 이번 전쟁은 인적·기술적 규모의 측면에서 그 유례를 찾아보기 힘든 전쟁이었다. 600명 이상의 저널리스트—그 대다수는 미국의 저널리스트였다—가 미 국방성의 초청 형식으로 미군과 함께 생활하고 이동하면서 전쟁을 취재했다. 이른바 임베드(embed) 취재 방식으로, 베트남 전쟁 당시의 자유로운 취재 방식과 1991년의 걸프전 때의 풀(Pool) 취재라는 원격조작 취재 방식을 절충한 것이었다. 그로 인해 저널리스트들은 이번 전쟁의 초기단계에서부터 다각적인 취재를 할 수 있었는데, 예컨대 전투 희생자에 대한 보도는 물론이고 부상자 인터뷰도 어렵지 않게 할 수 있었다. 하지만 이 같은 취재는 '추방'이라는 괴로운 경험을 회피하려는 저널리스트들이 미군 당국이 제시하는 군사작전상의 안전 보장을 위한 50여 개의 규칙들을 잘 준수했기 때문에 가능했던 것이다. 이에 비해 미국을 중심으로 한 연합군과 맞서 싸웠던 이라크 정권은 마지막까지 국내에 남아 있던 100여 명에 이르는 임베드 기자들의 취재 활동을 엄격하게 통제했다. 그리고 아랍의 위성방송 알 자지라는 미군 포로의 모습을 방영한 이라크 국영 텔레비전 방송국의 영상을 전 세계에 내보냄으로써 미국과 영국으로부터 격렬한 비판을 받기도 했다.

이라크 전쟁에서 특기할 만한 사항 중 하나는, 연합군의 전사자보다. 저널리스트가 목숨을 잃은 비율이 상대적으로 높았다는 사실이다. 그만큼 이번 전쟁에서 언론이 맞닥뜨린 상황은 참혹했다. 2003년 3월 전쟁 개시 이후 2004년 6월 현재까지 어시스턴트를 포함해 33명의 언론인이 이라크에서 살해되었고, 그중에는 베테랑 전쟁 특파원이었던 일본의 하시다 신스케橋田信介와 그의 조카 오가와 교타로小川功太郎도 끼어 있다. 이 두 사람은 2004년 5월 27일 바그다드 남쪽 사마와에 있는 일본 자위대 주둔지를 떠난 뒤 고속도로 상에서 무장 괴한의 총격을 받고 사망했다(하시다는 2003년 3월 미군과 저항세력 사이에 치열한 전투가 한창이던 팔루자에서 미군의 공습으로 시력을 잃어가던 모하메드 하이탐 살레흐라는 소년을 만났다. 소년에게 치료를 약속한 하시다는 일본으로 돌아와 치료비 모금과 병원섭외를 마친 뒤 조카 오가와와 함께 다시 이라크에 들어갔지만 귀국 사흘 전 목숨을 잃고 말았다. 사건 한 달 뒤 살레흐는 하시다의 부인을 비롯한 여러 사람의 도움으로 일본으로 건너가 수술을 받고 무사히 시력을 되찾았다—편집자). 그리고 그에 앞서 4월에는 일본의 저널리스트 두 사람이 다른 민간인과 함께 현지 무장 그룹에 인질로 억류되는 사건이 발생하기도 했다. 이 같은 사실들은 비록 전쟁이 끝났다고는 하지만 현지 취재가 얼마나 위험한가를 분명하게 보여주고 있다. 그리고 그런 와중에 적어도 일곱 명의 저널리스트의 죽음에 책임이 있는 미국은 자신들이 "유감스럽다"고 밝힌 사건조차도 충분한 조사를 하지 않았다.

이라크 저항세력의 공격이 나날이 늘어나고 있는 가운데, 2003년 여름부터 미군 병사들은 언론에 공격적인 태도를 보이기 시작했다. 이라크 병사들에 대해 호의적으로 보도할 뿐 아니라 아예 공모까지 하고 있다고 비난을 퍼부었던 아랍 미디어에 대해서는 더더욱 적대적인 태도를 보였다. 저널리스트들이 직무를 수행하는 과정에서 발생하는 이 같은 어려움은 11월 12일, 마침내 미국의 언론조차도 미국방성을 향해 비난의 목소리를 높일 만큼 심각했다. 이런 언론의 비판에 대해 미군 사령관 윌리엄 서몬드는 "저널리스트의 취재 활동을 방해하는 행위는 명확하게 금지한다는 권고를 연합군 각 부대에 전달했다"고 밝혔지만 그와 동시에 "개개의 병사들이 명령에 따르지 않기 때문에 발생한 일"이라고 언론의 문제 제기를 솔직하게 인정했다.

나중에 밝혀진 것처럼 대단히 문제가 많았던 이번 전쟁 과정에서 미국의 부시 정권은 알 자지라의 영상이 준 충격에 대해 줄곧 못마땅한 심기를 드러냈다. 부시 정권은 이라크군에 붙잡힌 미군 포로의 사진이나 영상을 내보내는 언론을 비판하기 위해 전쟁 포로의 존엄에 관한 규약인 제네바 협정을 들먹였다. 하지만 부시 정권은 은신처에 있다 미군의 공격을 받아 사망한 사담 후세인의 두 아들, 즉 우다이와 쿠 사이의 훼손된 사체 영상이나 후세인이 체포된 뒤의 영상을 언론이 보도했을 때에는 결코 똑같은 분노를 드러내지 않았다.

사실 미국 정부는 베트남 전쟁 이후, 해외 전선에서 발생한 미군 병사의 희생에 대해 극도로 민감한 국내 여론의 향배에 무엇보다 신경을 곤두세우고 있다. 예를 들면, 주간지 《아미 타임즈》는 심각한 중상을 당한 미군의 사진을 게재한 뒤에 그 가족에게 모욕감을 안겨주었다는 이유로 미 국방성으로부터 심한 질책을 받았다. 마찬가지 이유로, 전선에서 사망한 병사들의 관이 미국 본토에 도착할 때마다 언론 취재를 막기 위해 방편으로 그와 같은 구실을 대기도 한다. 하여간 부시 대통령은 미국의 언론, 그리고 미국 사회 전체에 만연했던 애국심을 끊임없이 부추겼다. 전쟁이 발발하기 전 미국 언론의 압도적인 다수가 이라크에 대량파괴무기가 존재하지 않을지도 모른다고 주장했음에도 불구하고 부시 대통령이 "확실히 존재한다"고 단언하자 거의 대부분의 언론은 아무런 문제도 제기하지 않았다. 그런 분위기 속에서 일부 언론은 이라크 전쟁에 반대하는 국가를 상대로 네거티브 캠페인을 펼치기도 했다. 언론에서 자기비판이 나오기 시작한 것은 그로부터 한참이 지난 뒤였다.

2003년 9월, 이라크 전쟁을 취재했던 CNN의 크리스티안 아만포어는 "저널리스트들은 대량파괴무기의 존재 유무에 대해 충분히 질문을 던지지 않았다. 이는 높은 차원의 정보조작"이라며 사실상 언론의 직무유기를 인정했다. 그리고 반년이 지난 2004년 4월 말, 미국의 언론은 다른 나라의 언론에 앞서 대단히 충격적인 사실을 보도했다. 즉 바그다드 근교 아브그레이브 교도소 내에 수감되어 있는 다수의 이라크인들이 미군에게 고문과 학대를 당했다는 내용이었다. 미국의 CBS는 4월 28일 자사의 인기 프로그램인 '60미니츠Ⅱ'를 통해 사담 후세인 시대의 주요 고문 센터 중 한 곳이었던 이 교도소 내에서 미군이 이라크인 수감자들에 고통과 모욕을 가하는 장면을 촬영한 사진을 공개했다. 이 보도를 기화로 미국의 언론들—특히 잡지《뉴요커》와 일간지〈월스트리트 저널〉—은 연일 새로운 사실을 보도하기 시작했다. 언론은 이번 사건이 상층부에서 결정한 정책에 따른 것이며, 군과 정부의 고위직에 있는 책임자들이 사건에 연루되어 있다고 보도했다. 미국 언론이 호전적인 부시 정권의 애국심이라는 유혹에 일시적으로 넘어갔던 때가 있었다는 사실을 인정하면서 이 같은 충격적인 사진을 공표한 것은 미국 언론의 전통적인 독립성을 입증한 사례라고 평가해야 할 것이다.

이번에는 이라크의 언론 상황을 살펴보자. 2003년 4월 9일, 바그다드에 있는 정보부 건물이 폭격을 당함으로써 지난 수십 년 동안 이라크에서 언론자유가 완전히 박탈되었던 시대는 종말을 맞게 되었다. 현재는 많은 신문들이 창간되었는데, 그 대부분은 정치적인 색깔이 대단히 농후하다. 그리고 100여 개에 달하는 주간지를 비롯해 각종 언론 매체도 우후죽순처럼 생겨났다. 이 같은 매체들은 사담 후세인의 장남 우다이의 지배하에 있던 네 개의 정부계 신문을 급속하게 대체하고 있다(후세인 정권 하에서는 금지되어 있었다). 파라볼라 안

테나를 손에 넣으려는 사람들이 급격히 증가하고, 길거리에 무수히 많은 인터넷 카페가 등장한 것도 이라크인들이 얼마나 정보에 목말라했는가를 여실히 증명해주고 있다.

우리 국경 없는 기자회는 이라크에서 미군이 보여준 태도를 강도 높게 비판했다. 그리고 우리는 미 국방성이 수행했던 이라크에 대한 거짓 조사 역시 고발했다. 그럼에도 불구하고 우리 국경 없는 기자회가, 가난한 나라들의 결점에 대해서는 끊임없이 고발하면서도 민주주의 국가의 좋지 않은 모습에 대해서는 본체만체 하고 있다고 지속적으로 비판하는 사람도 있다. 그런 사람들은 우리를 향해 이렇게 일갈한다. "혜택 받은 사람들의 생각일 뿐이다. 당신들은 여전히 당신들의 문화에 깊이 빠져 있다." 우리를 향해 쏟아지는 이 같은 비판은 우리가 매년 세계 각국이 '언론의 자유'나 '보도의 자유'를 존중하는 정도에 따라 국가별 순위를 매겨서 발표할 때면 더욱 거세진다. 2003년도 순위에 따르면, 언론의 자유를 존중하는 최상위 20개국 중에서 18개국이 유럽과 북미에 있으며, 최하위 20개국 중 16개국이 아시아와 아프리카, 그리고 중동지역 국가였다. 우리가 매년 펴내는 연례보고서의 보도 부문을 보면, 민주주의 국가의 몇몇 문제 있는 태도를 언급함으로써 해당 국가의 격렬한 반발을 불러일으키는 기술記述보다는, 아시아나 아프리카, 중동지역에서 발생하는 언론에 대한 범죄나 습격, 그리고 권력남용 같은 내용을 고발하는 것에 보다 많은 지면을 할애하고 있는 것이 사실이다.

하지만 그렇게 비판하는 사람들에 대한 국경 없는 기자회의 대답은 언제나 같다. 우리는 언론자유의 침해에 대해서만큼은 상대성의 원칙을 굳게 따르고 있다는 것이다. 다시 말해, 국경 없는 기자회는 어떤 특정 국가에 언론의 자유가 완전히 존재하지 않는 현실을, 이론의 여지가 있긴 하지만 다른 어떤 나라에 다소나마 그것이 존재하는 경우보다 훨씬 더 심각한 문제로 생각한다는 것이다. 그리고 또 생명의 위협을 감수하면서 직무를 수행할 수밖에 없는 저널리스트들은 '언론이 제4의 권력'인 나라의 저널리스트들보다 더 많은 배려를 받아야 한다는 것이다. 예를 들어 우리가 식료품 지원이라는 영역에서 활동한다면, 어느 정도 먹을 것이 있는 사람들보다는 전혀 없는 사람들을 우선적으로 지원하고 배려해야 하는 것과 같은 이치라는 말이다. 따라서 언론의 권리나 보도의 권리를 철저하게 억압하고 있는 나라가 어쨌든 그것을 존중하려는 나라보다 훨씬 더 많기 때문에 우리가 그런 쪽에 좀더 관심을 갖고 역량을 집중하는 것이 올바른 방향이 아니냐는 것이다. 이것이 우리가 갖고 있는 상대성의 원칙이다.

우리는 세계무역센터 테러 이후 미국 정부가 테러리즘에 대한 투쟁의 일환으로 채택한 여러 수단들이 언론의 자유는 물론 개인의 자유에 대한 중대한 위협이 되고 있다고 지적한 바 있다. 그리고 이탈리아 영상 미디어의 다수가 언론재벌인 실비오 베를루스코니 총리

개인에게 집중되어 있다는 사실이 이탈리아 민주주의에 유해하지 않은지 의심해봐야 한다고 주장하기도 했다. 또 우리는 프랑스에서 저널리스트들의 정보원이 마땅히 누려야 할 익명성의 권리가 경찰이나 사법당국에 의해 침해될 때마다 항의하기도 했다. 전쟁터를 누비는 저널리스트들이 군 당국에 의존하게 되면 때로는 그들이 내보내는 뉴스의 신빙성이 떨어질 수 있다는 사실도 깊이 인식하고 있다. 하지만 앞서 지적한 이런 문제들이 어느 정도 사실이라 하더라도 미국이나 이탈리아, 그리고 프랑스 같은 나라는 전 세계 여러 나라에서 일어나는 평균적인 현상과 비교하면 상대적으로 정보가 자유롭게 유통되며, 또 저널리스트들이 억압을 당하고 있는 다른 많은 나라의 동업자들이 언제나 선망하는 '독립'된 상태에서 자신들의 직무를 수행하는 것이 가능하다는 사실만큼은 분명하다.

눈길을 아시아 쪽으로 돌려보자. 전제적인 체제가 아직도 맹위를 떨치고 있는 이 지역에서 일본이라는 섬나라는 한국이나 타이완처럼 민주주의와 언론의 자유가 확실하게 존재하는 나라이다. 하지만 언제까지나 권좌에서 내려올 줄 모르는 자유민주당과 재계는 주요 언론의 저널리스트들을 자신들의 통제 하에 두기 위해 아직도 기자클럽 제도를 유지하고 있다. 외국인 특파원이나 프리랜서 저널리스트, 그리고 유럽연합이나 언론자유 옹호단체 등으로부터 지속적인 비판이 있었음에도 불구하고 일본 정부나 언론계는 오래된 시스템을 어떻게 개혁할 것인가 대해 그 어떤 의사도 표명하지 않고 있다. 일본 정부는 2002년 말 유럽연합이 "정보의 자유로운 유통에 대한 심각한 침해"라고 비판한 기자클럽 제도에 대해 아직까지 어떠한 개혁의 약속도 하지 않고 있다.

현재 일본에는 공식적으로 800개의 기자클럽이 있는 것으로 알려져 있다(1천 500개에 이른다는 자료도 있다). 이들의 대부분은 관청이나 지방자치단체 같은 공공기관이나 정당, 대기업, 황실 같은 주요 기관에 설치되어 있다. 이 같은 기자클럽은 일본신문협회에 가입되어 있는 약 160개 언론사에 소속된 1만 2천 명 이상의 기자들로 구성되어 있다. 역사가들에 따르면 일본 최초의 기자클럽은 그 역사가 1882년까지 거슬러 올라간다고 하는데, 그때 이후로 설사 정권이 교체되더라도 일부 기자들에게만 접근이 허락된 이 기자클럽은 특별한 대접을 받아왔다. 외국인 특파원들에게는 지극히 예외적으로 기자클럽 참가가 인정되고 있을 뿐이다. 이 같은 기자클럽 제도는 일본 같은 민주주의 국가에는 대단히 어울리지 않는 전근대적인 유물이라고 하지 않을 수 없다.

국경 없는 기자회가 역할과 사명을 수행하는 과정에서 원칙으로 삼고 있는 '상대주의적 접근'은 세계은행의 조사와 연구를 통해서도 확고하게 뒷받침되고 있다. 세계은행은 전 세계에서 활동하는 경제학자와 사회학자들의 분석과 연구를 정리한 《전할 권리》라는 제목의 보고서를 펴낸 바 있다. 300쪽이 넘는 이 보고서의 결론은 명쾌할 뿐 아니라 확고한데, 즉 '권력으로부터 독립한 언론'의 존재는 사람들이 조심스럽게 "개발도상국"이라고 지칭하는 나라의 경제적·사회적 발전의 필수불가결한 조건이라는 것이다. 이 조사연구의 논제 중에는 '모든 표현수단이나 보도수단이 독재정권 혹은 한 정당의 수중에 있는 여러 나라에 대한 비판'도 들어 있다. 그리고 보고서는 그런 비판의 대상이 사회발전에 필수불가결한 투명성과 대화에 방해가 되고 있다고 강조했다.

세계은행의 전문가들은 특정한 정부 모델을 언급하지 않으면서 한 국가가 '좋은 거버넌스'를 촉진하려면 권력 남용이나 오직汚職, 매수사건 등을 고발할 수 있는 반권력의 존재가 무엇보다 필요하다고 역설한다. 그들에 따르면 책임 있는 야당이나 독립된 사법기관과 마찬가지로 독립된 언론이야말로 가장 필요한 반권력의 하나라는 것이다. 그래서 그들은 "세계은행은 독립 언론이 존재하지 않거나 전문적인 기자 양성이 제대로 이루어지지 않는 지역에 자신들이 개발 프로젝트를 위해 사용하는 융자를 다른 국제기관과 함께 지원해야 한다"고 결론을 내리고 있다. 우리는 세계은행에 많은 자본을 출자한 모든 국가들이 이와 같은 분석을 공유하면서 동일한 결론을 이끌어냈으면 하는 바람을 갖고 있다. 물론 이런 꿈같은 생각이 단순한 것이기는 하지만 말이다.

거듭 이야기하지만, 우리는 모든 사람이, 또 민주주의 국가의 정부가 이 세상의 전제군주들을 대할 때에는 언론의 자유에 관해 보다 주의 깊은 고려를 하도록 가능한 한 지속적으로 압력을 넣어야 한다고 생각한다. 우리는 민주주의 국가의 정부가 인권을 유린하고 있는 많은 나라에서 인권 신장을 위해 무언가 해야 할 역할이 있으며, 그 외에도 전략적 · 정치적 · 경제적 · 사회적 책임이 있다고 생각한다. 하지만 많은 민주주의 국가 정부가 우리에게 지속적으로 확약을 했음에도 불구하고 그들은 민주주의 국가가 표방하는 가치와 권리를 항상적으로 부정하는 나라들을 계속 감싸고 있다. 유감스러운 일이 아닐 수 없다. 예를 들면, 2003년 2월, 유엔 인권위원회는 리비아를 의장국으로 선출했는데, 이런 결정을 내린 국제 사회에는 큰 기대를 할 수 없는 것이다!

리비아가 의장국에 선출된 뒤인 2003년 7월, 우리 국경 없는 기자회는 1년 간 유엔 인권위원회 참가자격 정지 처분을 받았다. 실제로 우리는 몇 개월 전의 위원회 회기 중에 리비아의 의장국 선출을 강력하게 비판했다. 하지만 일군의 독재국가는 우리의 비판이 지극히 중대한 잘못이라고 한 목소리로 비난을 퍼부었다. 그렇다면 민주주의가 무엇보다 중요하다는 사실을 잘 알고 있는 나라의 대표들을 우리가 아무런 근거도 없이 공격이라도 했다는 말인가. 아니면 자유와 인권을 수호해야 할 중대한 책무를 지닌 국제기관의 의장국에 하필이면 그 자리에 가장 어울리지 않는 리비아가 선출되는 것에 대해 문제를 제기한 것이 잘못이란 말인가.

　당시 우리는 유엔의 고위 관리들이 몹시 화를 낼 만한 유인물을 만들어서 배포하기도 했다. 그런 공격적인 유인물을 통해 우리는 무엇을 호소하려 했을까. 구체적으로 말해보자. 매년 봄 제네바에서는 특별한 기준 없이 임명된 53개 회원국들이 참가하는 인권위원회가 개최되는데, 우리는 유인물을 통해 이 위원회의 몇 가지 불순한 의도를 폭로했다. 즉 위원회에 참가하고 있는 많은 국가가 인권에 대한 협정, 합의, 조약을 시행하게 할 책임을 지고 있음에도 불구하고 정작 자신들은 그런 사항을 비준조차 하지 않고 있는 것은 마치 도둑이 판사의 자리에 앉아 다른 불량배를 재판하고 있는 것과 마찬가지라고 비판했던 것이다. 그리고 우리는 그런 나라들이 내놓은 여러 책략을 고발하기도 했다. 그런데 그 책략이란 것이 다름 아닌 '자유'의 영역에서 그런 나라들이 뒤집어쓰고 있던 모든 오명을 씻는 데 면죄부를 부여하는 것이었다. 즉, 부채택동의不採擇動議라는 교활한 방법을 통해 자신들에게 쏟아지는 국제 사회의 비판을 모면하려 했던 것이다. 유엔의 관용구에 익숙하지 않은 사람들을 위해 쉽게 설명하면, 몇몇 국가가 위원회에서 자국의 상황이 정식 의제로 채택되지 않도록 하기 위해 참가 국가를 대상으로 공작을 벌였다는 것이다(여기에는 간략한 설명이 필요하다. 유엔 인권위원회 하부조직으로 NGO 등도 옵서

버 자격으로 참가할 수 있는 인권촉진보호소위원회가 있다. 이 소위원회는 인권 침해에 관한 의제를 인권위원회에 권고·제출할 수 있다. 하지만 각국 정부와 NGO가 한 목소리로 비판했던 중국의 장기간에 걸친 티베트에서의 인권 침해와 짐바브웨 당국의 반체제 인사와 언론인 등에 대한 심각한 인권탄압 문제가 제기되자 이들 두 나라는 다른 참가국에 공작을 벌여 다수 찬성으로 부채택동의를 가결시켰다). 그 결과, 중국은 오랫동안 아무런 비난도 받지 않았고, 짐바브웨는 2003년의 심각한 인권유린 사태에 대해 최소한의 비난도 받지 않았다.

유엔 같은 국제기구에서 우리를 비판하는 사람들도 적지 않다. 그들은 국경 없는 기자회가 정해진 규칙을 무시할 뿐만 아니라 유엔 활동에 트집을 잡고 있으며, 또 유엔 내 사람들이 즐겨 사용하는 용어에 대한 배려도 없이 바른 소리를 하는 나라를 가해자라고 몰아붙이는 것은 결코 용서할 수 없는 죄를 짓는 일이라고 비판한다. 하지만 유엔 인권위원회의 모든 옵서버들은 우리가 더 이상 물러날 데가 없을 만큼 뒤로 물러났다는 사실을 잘 알고 있다. 그리고 그들은 위원회가 결정적으로 신뢰를 상실했다는 사실과, 가장 유해하다고 지목된 국가의 위원회 참가를 금지시켜서 여러 문제들을 해결하고, 그래서 새로운 부패를 일소하는 것이 위원회의 가장 긴급한 과제라는 사실 역시 잘 알고 있다. 이것이야말로 올바른 판단이 아닐까. 바로 그런 이유 때문에 우리는 보다 큰 목소리로 분명하게 말해야 한다고 생각한다. 그런 분명한 발언들로 인해 현재 우리 국경 없는 기자회는, 자신들의 편향이나 일탈을 거침없이 까발려온 '방해꾼'을 규탄하기 위해 결탁을 도모하고자 하는 많은 독재국가 당국의 표적이 되고 있기도 하다. 하지만 그와 같은 자유의 약탈자, 혹은 매수된 대표자들에게 비판받는 것이 다소 귀찮기는 하지만 그런 것들이 우리 활동에는 아무런 해악도 끼치지 못한다. 정직하게 말하면, 우리를 향해 쏟아지는 그런 공격적인 언사들이 그다지 아프게 들리지 않는다. 그보다는 민주주의 국가가 인권을 단기적인 정치적 이익의 종속변수로 계속 내버려둔 채로 이와 같은 비생산적인 게임에 참가하는 것이 얼마나 우려할 만한 일인가 하는 것이다. 유엔의 시스템이 초래한 퇴행(인권위원회에서 인권유린을 정식 의제로 채택할 수 없는 시스템이 퇴행이 아니라면 어떤 것이 퇴행일까)의 정도나, 그럼에도 불구하고 아무런 망설임도 없는 자신들의 태도를 명확하게 드러낸 것(특히 부채택에 가결표를 던진 민주주의 국가들)이 특히 그렇다고 할 것이다.

우리는 2003년 12월 제네바에서 열린 유엔 세계정보사회 정상회의 당시 세계 여러 나라의 독재정권과 대치하는 민주주의 국가의 무기력한 모습을 다시 한 번 확인할 수 있었다. 정상회의의 목적은 세계 각국의 '디지털 격차'가 더 이상 벌어지지 않도록 하기 위해 새로운 정보 테크놀로지를 전 세계에 보다 광범위하게 확산시킬 수 있는 수단을 찾는 것이었다. 실제로 컴퓨터와 통신망의 광범위한 보급은,

가난한 나라의 교육이나 보건행정, 직업교육 등 자국민들의 생활수
준을 높이는 데 도움을 줄 뿐 아니라 여타의 영역에서도 현재의 지체
를 만회하는 데 크게 일조할 수 있을 것이다. 하지만 불행하게도 정
상회의에서는 부자 나라와 가난한 나라 사이의 디지털 연대를 통한
격차 해소보다는, 국가 권력에 의한 인터넷 통제와 규제가 더 집중적
으로 논의되었다. 인터넷이 범죄 목적으로 악용된 다수의 사례들이
효율성이라는 미명 하에 국제적으로 용인된 통제수단을 정당화하는
도구로 활용되었다는 사실은 그다지 놀랄 만한 일도 아니다. 실제로
많은 독재정권이 표현의 자유와 언론의 자유의 영역에서 자신들의
억압적인 수단을 국제사회에 정당하게 인정받기 위해 안전이나 보안
을 들먹이며 악용하고 있는 것이 현실인 것이다.

현재 테러리즘에 대항하는 애국 전쟁이라는 안전보장상의 강박관
념에 사로잡혀 있는 미국은 자신들과 대외관계를 맺고 있는 상대 국
가의 인권 상황에 대해서는 눈을 감고 있다. 예컨대 러시아나 중국,
파키스탄 같은 억압적인 나라들이 우연이 아니라 필연적으로 미국의
동맹국이 된 것도 바로 그런 연유인 것이다. 게다가 정상회의를 주최
한 유엔의 국제전기통신통합에서 지도적 위치에 있는 많은 유럽 국
가들은, 아랍의 여러 나라들이 제2단계 개최지를 튀니지의 수도 튀니
스로 결정하고, 또 일본인 사무총장의 재선을 지지했을 때 아무런 반
론조차 제기하지 않았다. 이런 일들이야말로 정상회의의 본질을 보

여주는 좋은 예가 될 것이다.

튀니지에서는 모든 인터넷 공급업자들이 정부 당국의 통제 하에 있으며, 인터넷 카페도 감시의 대상이 되고 있다. 심지어는 아무런 혐의도 없는 사이버 반체제 인사를 감옥에 보내기도 한다. 실제로 이떤 젊은 인터넷 사용자는 '허위 사실을 유포했다'는 이유로 1년 이상 감옥에 갇혀 있어야 했다. 그가 저지른 범죄는 단지 인터넷 사이트에 벤 알리 대통령을 야유하는 정보를 유통시켰다는 것이었다. 모두가 알고 있듯이 튀니지에서는 그런 행위조차도 감옥에 가야 하는 불경죄가 되는 것이다.

앞서 말했지만 이 책은 3년 전에 출판되었다. 이 책의 마지막 부분에서 나는 젊은 날 스스로에게 했던 맹세에 충실했다는 것에 긍지를 느낀다고 썼다. 하지만 나는 "사생활을 등한시하는 바람에 자식이 커나가는 것을 지켜볼 시간을 갖지 못했다"고 후회하기도 했다. 그때 이후 비록 서툴긴 하지만 이제는 유망한 음악가로 성장한 미셸과 좋은 관계를 가지기 위해 노력하고 있다. 그가 가진 재능은, 좋은 의미에서 일과 인생에서 성공하기 위해 중요한 것들이다. 그리고 나는 이전에는 단 한 번도 경험해보지 못했던 정열로 사랑할 수 있는 젊은 여성 에마뉘엘과 결혼했다. 이는 나만의 생각인지는 모르지만, 두 사람이 함께 공유하고 있는 정열이라고 믿고 있다. 그녀 덕분에 나는 쉰 살이라는 적지 않은 나이에 새로운 인생을 살게 되었다. 정말 소중하고 고마운 일이다. 이 자리를 빌어 정말 감사하고 싶은 것은, 그녀가 나에게 준 모든 것 중에서 가장 훌륭하고 또 그 모든 행복 중에서 가장 멋진 것, 즉 앙증맞은 미소로 "아빠가 제일 좋아"라는 한 마디와 큰 웃음으로 내 마음을 사로잡는 작은 딸 클라라를 선물로 준 것이다.

우리 국경 없는 기자회는 많은 NGO에게 위협이 될 뿐 아니라 때로는 부패를 초래하는 '관료제화'를 단호하게 거부할 것이며, 언제까지나 적극적 행동주의자의 조직으로 남을 것이다. 우리 활동을 극도로 혐오하는 나라나 우리에게 입국사증 발급을 거부하는 나라들, 그리고 실제로 우리를 향해 네거티브 캠페인을 벌이는 나라도 있다. 하지만 이런 일들이 오히려 좋은 징조라고 생각한다. 우리는 앞으로도 계속 '분란'을 일으킬 것이며, 그런 일들이 정말 중요하다고 생각한다.

국경 없는 기자회를 이끌고 있는 우리 팀은 보다 충실해졌고 강해졌다. 우리 팀은 우리가 반드시 지켜야 할 신념을 위해 헌신하고, 때로는 우리를 최후의 보루로 여기는 사람들을 돕기 위해 위험도 무릅쓸 각오가 되어 있는 대단히 우수한 젊은이들로 이루어진 조직이다. 이 젊은이들이야말로 내가 몇몇 동료들과 함께 20여 년 전에 꿈꾸었던 미래의 조직 바로 그 자체이다. 내가 조직을 떠난 뒤에 국경 없는 기자회를 이끌어나갈 사람은 분명 그들 중 한 사람일 것이다. 그렇게 임무 교대가 잘 이루어질 수 있도록 나는 최선을 다할 것이다. 그것이야말로 내가 가장 바라는 바이며, 실제로 그렇게 된다면 그것이야말로 나의 가장 큰 성공이 될 것이다.

2004년 6월 15일 파리에서

로베르 메나르

일러두기

1. 이 책은 Robert Ménard의 Ces journalistes que l'on veut faire taire(ALBIN MICHEL, 2001)를 완역한
   것이며, 저자의 요청에 따라 일본어 번역본(《鬪うジャーナリストたち》, 岩波書店, 2004)을 참조하여 편집하
   였다.
2. 이 책의 머리말은 일본어 번역본에 수록된 것을 번역한 것이다.
3. 이 책의 주석은 원서에는 없는 것이나 독자들의 이해를 돕기 위해 책 뒤에 후주 형식으로 수록하였다.
4. 일간지는 〈 〉, 주간지나 서명은 《 》으로 표기하였다.

차례

언론자유 투사의 빛과 그늘

1

자유를 빼앗긴 기자의 단식농성

2000년 봄, 튀니지의 저널리스트 벤 브릭의 단식농성은 프랑스에서 커다란 반향을 불러일으켰다. 그때까지만 해도 튀니지는 프랑스인들이 손쉽게 갈 수 있는 해변 관광지로 명성이 높았다. 하지만 이 사건으로 인해 그 동안에는 눈에 띄지 않았던 튀니지의 정치적 상황이 알려지게 되었다. 즉 경찰 권력에 기반을 둔 벤 알리장군의 독재정치가 만천하에 드러나게 되었던 것이다. 이 사건 내내 국경 없는 기자회는 벤 브릭의 편에 서 있었다. 벤 브릭은 2년 전부터 튀니지에서 우리 통신원으로 활동했을 뿐 아니라 그의 투쟁은 우리가 지난 15년 간 벌여온 언론자유를 위한 투쟁을 그대로 구현했기 때문이다. 처음에 그는 일반 대중의 열렬한 지지를 받았지만, 그 뒤에 보여주었던 개인적인 행동과 정치적 입장은 때로 격렬한 비판을 불러일으켰다. 세간에서 이야기하는 그의 '화려한' 행동이 초래한 공과功過, 즉 어떤 종류의 양면성과 그 한계는 부분적으로 우리 국경 없는 기자회가 가진 양면성과 한계 그 자체이기도 했다. 그런 면에서 우리에게 많은 교훈을 준 벤 브릭 사건으로 이 책을 시작하는 것도 큰 의의가 있다고 생각한다.

벤 브릭은 튀니지에 언론자유가 없다는 기사를 썼다는 이유로 1990년 〈에사하파〉[1]-신문사에서 해직되었다. 이후 그는 유럽 언론사인 프랑스의 시피아[2]-통신사와 스위스의 앙포쉬드[3]- 통신사, 프랑스의 일간지 〈라 크루아〉[4]-의 튀니지 지국 통신원으로 일했으며, 때로 〈리베라시옹〉[5]-이나 〈젠 아프리크 에코노미〉[6]-, 스위스의 일간지 〈르 쿠리에〉[7]-에도 기사를 써 보내는 프리랜서로 활동하기도 했다.

각 매체에 보내는 기사에서 그는 대단히 신랄한 어조로 튀니지의 현실을 고발하고, 민주주의의 부재와 가난에 대해 보도했다. 하지만 이 같은 그의 자유로운 논조와 태도는 튀니지 당국의 심기를 건드렸고, 그래서 그의 입에 재갈을 물려야겠다고 생각한 정부 당국은 그를 철저하게 공격하기 위한 방법을 강구했다. 여기에다 야채 무역을 둘러싼 뒷거래에 대한 리포트나 사우디아라비아의 에미라(이슬람교의 수장)들의 동물 학살 기사, 그리고 경찰 비리에 대한 조사 등도 벤 브릭에 대한 증오를 키우는 데 단단히 한몫을 했다.

실제로 그는 어느 날 갑자기 여권을 빼앗겼고, 또 다른 날에는 두 살과 6개월 된 자신의 두 아이가 타고 있는 차가 공격당하는 모습을 눈앞에서 목격하기도 했다. 그리고 1999년 5월 20일에는 길 한복판에서 몽둥이와 쇠사슬을 든 남자들에게 폭행을 당하기도 했다(벤 브릭은 그들이 사복경찰이 틀림없다고 주장했다). 그리고 그의 형제와 부인, 조카들이 위협을 받았으며, 그 자신도 집을 나선 뒤에는 누군가에게 노골적으로 미행을 당하는 날들이 계속되었다. 게다가 1년 전에 빼앗긴 여권을 돌려달라고 요구하자, 당국에서는 2000년 3월 28일 그의 집 전화마저 끊고 말았다. 마침내 그해 4월 3일, 소모적인 싸움에 지친 벤 브릭은 여권 반환을 요구하며 단식농성에 들어가기로 결심했다. 그는 다음과 같은 글로 자신의 결심을 알렸다.

벤 알리 지배하의 튀니지에서 기자는 단순히 기자일 뿐인가? 침묵의 법칙이 관철되는 나라에서 단지 정보를 수집하는 일은 목숨을 건 사명이 되고 있다.

벤 브릭은 10년 전부터 자신에게 가해진 온갖 박해를 자세히 언급하면서 단호한 의지를 밝혔다. 단식농성 선언은 그의 단호함, 특히 절망감의 표현이었다. 단식 며칠 전 벤 브릭은 파리에 있는 나에게 전화를 걸어 의견을 물었다. 나는 회의적이라고 대답했다. 왜냐하면 벤 브릭 이전에 다른 사람들도 비슷한 행동을 했지만 아무런 성과를 거두지 못했기 때문이다. 그러나 그는 단호했고 얼마간의 토의 끝에 나는 그에게 국경 없는 기자회의 지원, 그것도 튀니지 내에서는 언론의 자유가 존재하지 않는다는 사실만큼이나 확실한 지원을 약속했다.

벤 알리 장군에 대한 개인숭배는 황당할 지경이었다. 튀니지의 모든 일간지들은 거의 매일 신문 1면에 벤 알리 장군의 사진을 실었으며, 대통령궁에서 편집국으로 기사를 보내면 국영 언론사나 민영 언론사 모두 그대로 실어야 했다. 신문을 찍고 나서 배포하기 전에는 반드시 내무부를 거쳐야 했으며, 조금이라도 비판적인 내용이 있으면 자동적으로 검열이 이루어졌다.

인터넷에서도 매우 엄격한 통제가 이루어졌다. 하긴 유일하게 허가된 두 개의 인터넷 서비스업체 모두 벤 알리 대통령의 측근 소유였다. 어느 사이트가 체제 전복의 위험을 가지고 있다고 판단되면 즉시 접근 자체가 불가능해졌다. 심지어는 사적인 이메일도 정기적으로 검색해서 빼돌리기도 했다.

벤 브릭의 단식은 처음에는 사람들의 관심을 끌지 못한 채 조용히 진행되었다. 내가 가지고 있던 이 같은 종류의 행동에 대한 의구심을 확인시키는 듯했다. 벤 브릭의 처절한 몸짓은 튀니지에서는 그나마 작은 메아리라도 일으켰지만, 프랑스에서는 어느 누구도 그런 사실을 알지 못했다. 4월 10일, 나는 벤 브릭을 만나기 위해 튀니지로 날아갔다. 그는 아로에 출판사의 한 사무실 안에서 농성을 하고 있었다. 아로에 출판사는 벤 세드린이라는 용감한 여성이 운영하고 있었다.

출판사 옆 술집에는 사복경찰들로 가득했다. 그럼에도 불구하고 그녀는 10여 명이 참가하는 모임을 주신했다. 그 모임에서 나는 뒤니지 당국의 언론자유 침해를 고발했다. 그런 뒤에 나는 다시 파리로 돌아왔다. 파리로 돌아온 다음날, 나는 모임 직후에 경찰들이 출판사를 폐쇄했으며, 벤 브릭과 동료들이 사무실에서 쫓겨났다는 사실을 알게 되었다. 튀니지 당국은 다시 한번 억압적인 방식을 선택했던 것이다. 이제는 자신의 권리를 되찾기 위해 끝까지 갈 준비가 되었다는 벤 브릭의 말을 믿을 차례였다. 그의 목숨을 건 선택이 상대적으로 무관심 속에서 이루어졌기 때문에 우리는 그에게 작은 도움이라도 주기로 결정했다. 우선 국경 없는 기자회의 북아프리카 담당 조사원인 비르지니 로퀴솔을 튀니지에 보내 벤 브릭과 인터뷰를 하도록 했다. 그녀가 튀니지에 갔을 때 단식은 이미 19일이 넘은 상황이었고, 벤 브릭은 음식물을 입으로 가져갈 수 없을 정도로 쇠약해져 있었다. 그녀는 벤 브릭의 사진을 찍고, 인터뷰를 녹화해서 파리로 돌아왔다. 우리는 그 자료를 최대한 공개했고, 프랑스의 많은 언론들은 그에 관한 기사를 대대적으로 보도했다.

4월 25일, 튀니지 주재 프랑스 대사인 다니엘 콩트네는 벤 브릭 사건에 대해 "상당히 주의 깊게 살펴보고 있다"는 내용의 공식 성명을 발표했다. 드디어 벤 브릭 사건이 시작된 것이다. 그런데도 튀니지 당국이 초기부터 취해온 강경노선에는 아무런 변화도 없어 보였다. 오히려 정반대였다. 예를 들면, 의사들의 요구에 따라 벤 브릭이 국립병원에 입원했을 때는 경찰들이 병실에까지 찾아와 위협을 하기도 했다. 그래서 다른 병원으로 옮기려고 하자 이번에는 막아서는 경찰들 때문에 인권단체 회원들이 병원 앞에서 경찰들과 대치하는 상황이 벌어졌다. 결국 벤 브릭은 자신의 집으로 돌아가기로 결심했고, 파리에서 우리가 그를 위해 할 수 있는 유일한 일은 그의 투쟁을 미디어를 통해 확산시키는 것뿐이었다.

4월 26일, 우리는 〈라 크루아〉와 프랑스 앙테르[8]-의 기자 각 한 명과 시파 통신사[9]-의 카메라 기자 등과 함께 튀니지로 가기로 했다. 일단 튀니지 공항에서는 아무런 일도 일어나지 않았다. 하지만 우리가 자동차로 벤 브릭의 집 앞 골목에 도착하자 일단의 경찰들이 앞을 막았다. 차에서 내린 나는 책임자로 보이는 사람에게 우리의 방문은 이미 허가가 난 사항이라고 설명했다. 일순간 긴장이 고조되었다. 격렬한 언쟁이 시작되자 그 모습을 영상에 담고 녹음하기 위해 함께 간 기자들이 차에서 내렸다. 그러자 경찰들은 몹시 화를 내며 그들을 덮쳐 카메라를 빼앗고 장비를 짓밟았다. 경악할 만한 일이었다. 표현하기 힘든 난장판 속에서 우리는 간신히 차 안으로 피신할 수밖에 없었다. 우리를 마중 나왔던 벤 세느린과 벤 브릭의 동생인 살렘은 그 자리에서 체포되었다. 경찰과의 충돌 장소에 마지막으로 나왔던 벤 브릭의 부인 역시 경찰이 함부로 대하는 바람에 안경이 깨져 울음을 터뜨리기도 했다. 기자들 중에 심한 부상을 입은 사람은 없었지만 충격은 가시지 않았다. 튀니지에서 외국인 기자들에게 직접적인 폭행을 가한 것은, 우리가 알고 있는 한 처음 있는 일이었다. 우리는 곧바로 프랑스 대사관으로 향했다.

튀니지 당국의 이 같은 거친 반응은 벤 브릭 사건이 확대되는 데 뭔가 부족했던 약간의 비극적인 요소를 채워주었다. 경찰과 언쟁을 벌이는 동안 비르지니 로퀴솔의 카메라는 계속 돌아갔고, 마이크도 그대로 켜져 있었다. 우리는 비록 질적으로는 초라하지만 15초짜리 영상과 경찰들의 고함이 담긴 소리를 가지고 파리로 돌아왔다. 하지만 이 자료들은 튀니지 경찰의 억압상을 보여주기에는 충분했다.

파리에서 튀니지의 독재정치는 방송 뉴스의 헤드라인을 장식했다. 그러자 사람들은 지난 대통령 선거에서 99.4퍼센트의 득표율로 대통령에 재선된 벤 알리에 관한 이야기를 입에 올리기 시작했고, 벤 알리의 쿠데타로 대통령직에서 해임된 독립의 아버지 하비브 부르기바의 초라한 장례식에 관한 이야기도 다시 흘러나왔다. 게다가 니콜

라스 보와 장 피에르 뒤쿠와 기자가 쓴 튀니지 정권에 대한 비판적인 저작 《우리의 친구 벤 알리……》도 여러 언론을 통해 발췌·인용되기 시작했다.

여름 바캉스 시즌이 임박하자 튀니지 해변에 대한 좋은 인상을 담은 광고들이 등장하기 시작했다. 그것은 프랑스인들을 단지 관광객을 끌어들이기 위한 미끼로만 보이지 않았다. 5월 1일, 프랑스의 압력을 받은 튀니지 당국은 벤 브릭에게 여권을 돌려주었고, 이로써 그는 다시 여행을 할 수 있게 되었다. 그러나 언론에서 자신의 투쟁을 대대적으로 보도한 것에 고무된 벤 브릭은 이제 동생 잘렐의 석방을 요구하고 나섰다(잘렐은 4월 26일 유치장에 수감되었으며, 경찰에 대한 폭력으로 3개월 징역형을 언도받았다).

프랑스인들은 벤 브릭에 대해 우호적인 태도를 가지고 있었기 때문에 프랑스 정부의 공식적인 반응을 기다리고 있었다. 사태의 심각성을 인식한 외무부 장관 위베르 베드린은 튀니지 정부에 "이 개탄할 만한 사건을 인도적으로 조속히 해결하라"고 요구했으며, 국회의 대정부 질문에 답변하면서 벤 알리 정권에게 민주화를 촉구하기도 했다. 시기도 잘 맞아 떨어졌다. 왜냐하면 수년 전부터 5월 3일은 세계 언론자유의 날이었기 때문이다. 언론자유를 위협하는 악당으로 벤 알리 대통령 말고 누가 더 그 배역을 잘 소화해낼 수 있을까. 그는 거만했고, 부정선거를 자행했으며, 반대파를 억압했으니 말이다. 반면 우리의 투쟁을 벤 브릭 말고 누가 더 잘 표현할 수 있었을까. 그는 용감했고, 정직했으며, 단호했다.

물론 우리는 이러한 이분법적 선악 대립 구도를 인식하고 있었고, 심사숙고 후에 그런 상황을 이용했다. 왜냐하면 현실적인 상황이 다소 복잡할지라도 우리들의 문제 제기는 여전히 옳다는 확신을 가지고 있었기 때문이다. 그래서 우리는 튀니지의 수도인 튀니스로 벤 브릭을 데리러 갔다. 나는 그의 얼굴을 직접 노출시켜 언론의 중심에 놓이게 하는 것이 그에 대한 지지를 더욱 높일 수 있는 방안이라고 생각했다.

5월 4일, 벤 브릭이 샤를 드골 공항에 도착하자 실제로 10여 명의 기자들이 그를 기다리고 있었다. 그는 체중이 23킬로그램이나 빠져 완전히 지쳐 있었지만, 살페트리에르 병원[10]으로 후송되기 전 몇 마디는 할 수 있었다. 프랑스인들은 텔레비전을 지켜보면서 그를 측은하게 여겼다. 하지만 나는 내심 걱정이 되었다.

피해자는 항상 옳은가

벤 브릭은 도발적인 언동으로 대중들을 끊임없이 자극했다. 5월 1일 벤 브릭이 프랑스에 도착하기 직전에 우리는 그녀의 누이인 나제와 함께 국경 없는 기자회 본부에서 기자회견을 열었다. 그때 나는 나제에게 상황 설명을 위해 기자들 앞에서 읽을 수 있는 짤막한 성명서를 하나 준비해달라고 부탁했다. 그런데 그녀가 쓴 성명서의 내용을 알았을 때 나는 너무나 놀라 숨이 막힐 지경이었다. 너무나 말도 안 되는 내용이었기 때문에 여기에 그대로 옮겨볼 필요가 있다.

저는 오랫동안 추악하기 짝이 없는 벤 알리 정권을 가장 충실하게 지지해 온 자크 시라크를 고발합니다. 벤 알리가 집권한 이후 프랑스의 대통령은 튀니지 정권의 비열한 얼굴에 화장을 해주었을 뿐만 아니라 (사실을) 왜곡하는 것도 서슴지 않았습니다. 이렇게 정신을 죽이는 작업이 천천히, 오래도록 지속되는 것을 우리는 제대로 경계하지 못했습니다. 결국 우리의 경계심은 흐트러지고 말았습니다. 자크 시라크가 튀니지의 기적이라는 표현을 쓴 것은 최악이라고 해야 할 것입니다. 그를 새로운 튀니지를 대변하는 사람으로 대하면서 끝없는 찬사("벤 알리는 튀니지의 근대화와 민주주의, 그리고 사회 평화의 길을 닦은 사람이다. 튀니지 실험의 성공, 그리고 경제와 사회의 혁신")를 늘어놓은 것도 물론 잊을 수 없습니다. 자크 시라크의 말을 들으면 넬슨 만델라나 마틴 루터 킹에 대해 이야기하는 느낌이 들 정도입니다. 보편적 가치를 구현한다고 주장하는 나라의 대통령이 어떻게 이런 식으로 자신의 정체성을 부인할 수 있다는 말입니까. 벤 알리 같은 독재자의 진면목에 대해 시라크 대통령이 보여준 침묵은 튀니지 정권을 위해 부역한 것과 마찬가지라고 하지 않을 수 없습니다. 이러한 정치적 선택은 프랑스의 문화유산과 18세기 계몽주의[11]-, 그리고 권력에 복종하지 않았던 문인들의 오랜 전통을 부인하는 것이나 다름없습니다. (……) 저는 장발장[12]보다 더 장발장 같다는 생각이 듭니다. 자크 시라크가 비시[13] 정권 하의 성인이었다면 그는 나치 부역자[14]가 되었을지도 모릅니다.

기자회견이 시작되기 직전이었다. 하지만 나는 벤 브릭에게 급히 전화를 걸어 나제가 국경 없는 기자회 본부에서 위와 같은 내용의 성명서를 읽는 것만큼은 허락할 수 없다고 전했다. 그는 내게 "왜? 너도 시라크 지지자야?" 하고 물었다. 나는 어떤 경우에도 한 개인을 대상으로 아무런 고민 없이 이렇게 심한 인신공격을 할 수는 없다고 설명했다. 잠시 대화를 나눈 뒤 그는 나제가 읽을 성명서의 마지막 부분을 내가 수정할 수 있도록 허락했다. 나는 급하게 다음과 같이 썼다.

자크 시라크 대통령은 현 튀니지 정권과 일정한 거리를 두겠다고 했습니다. 그러나 저는 시라크 대통령에게 말보다는 행동을 기대합니다. 현재 5주째 단식농성을 하고 있기 때문에 저에게는 시간이 없습니다. 유럽에서 중요한 역할을 하고 있는 시라크 대통령이 프랑스 공화국의 가치와 동일한 가치를 구현하고자 하는 제 싸움에 동참해줄 것을 기대합니다. 제 마음을 다하여.

결과적으로 앞뒤 내용이 맞지 않는 일관성 없는 성명서가 되고 말았다. 전체적으로 말이 안 된다는 사실을 깨닫고 나는 몇몇 기자들에게 전화를 걸어 벤 브릭이 극도로 피곤해서 그런 것이니 기사를 너무 진지하게 쓰지 말아달라고 부탁했다. 다시 말해, 그들에게 자율적인 검열을 부탁했던 것이다. 물론 국경 없는 기자회의 입장에서 부탁할 만한 일은 아니었다. 하지만 나는 여러 해를 지내면서 간혹 좋은 이유를 위해서는 어떤 것들은 말하지 않고 조용히 지나가야 한다는 사실을 알고 있었다. 대부분의 기자들은 내 지적을 충분히 고려했을 것이다.

일단 이런 식으로 언론 쪽에서 발생한 화재는 초기에 진압할 수 있었다. 하지만 벤 브릭의 누이는 내게 단단히 화가 나 있었고, 심지어는 조롱하기까지 했다. 동생 잘렐과 마찬가지로 튀니지의 트로츠키주의[15] 집단에 속해 있던 그녀는 이번 사건이 자신들의 목적을 이루는 데 진전을 가져다줄 것이라고 믿었던 것이다. 나는 그녀를 설득하기 위해 노력했다. 벤 브릭에 대한 최근의 인기와 지지는 전적으로 그가 인권을 위해 투쟁했기 때문에 생겨난 것일 뿐이라고 말이다. 하지만 나는 곧 벽에 부딪히고 말았다.

나제의 성명을 둘러싸고 벌어졌던 논란이 있은 며칠 뒤, 튀니지에서 벤 브릭을 데리고 오는 비행기 안에서 잠시 그와 이야기를 나누었다. 프랑스를 망명지로 선택하는 것도 쉽지 않은 일이고, 비자를 내줄 사람을 비판한 것도 문제가 있다고 설명했다. 그리고 이번 여행의 안전을 보장하기 위해 프랑스 외교관 한 사람이 튀니지에서 출발할 때부터 함께 타고 왔다는 사실도 상기시켰다. 그는 내 말에 수긍하는 것처럼 보였다. 하지만 프랑스에 도착하자마자 그의 태도는 다시 강경해졌다. 벤 알리 대통령이 퇴진할 때까지 단식농성을 그치지 않겠다고 밝힌 것이다. 나는 그를 마이크에서 떨어지게 밀쳐냈다. 바보 같은 요구였다. 바로 몇 시간 전, 그는 동생이 풀려나면 단식농성을 풀겠다고 말했지만 또 다시 흥분했던 것이다.

그날 저녁, 우리는 살페트리에르 병원에 가서도 그의 행동에 대해 함께 의견을 나누었다. 하지만 그는 나를 안심시키려고 했는지 아니면 진심인지는 모르지만, 자신의 유일한 관심은 칸 영화제[16]- 내내 단식농성을 계속해서 자신의 우상인 여배우 파니 아르당을 만나는 것이라고 바보 같은 소리를 늘어놓았다. 걱정이 태산 같았다. 나는 뭔가 해야만 한다는 절박한 생각이 들었다. 그나마 아직까지는 우호적인 여론을 더 이상 악화시키지 않을 어떤 작업이 필요했다.

승리의 그늘

시간이 흐르면서 내 걱정은 점점 현실로 드러나기 시작했다. 거리에서 만나는 사람들은 내게 "저 튀니지인, 너무 심한 거 아닙니까?" 하는 질문을 던졌다. 그리고 한 친구는 "벤 브릭이 공항에 도착하는 걸 봤는데 네가 더 피곤해 보이던데" 하면서 오히려 나를 걱정했다. 또 한 번은 병실 앞에서 마주친 마리-클레르 망데스 프랑스가 "벤 브릭이 초콜릿을 먹는 한 괜찮을 거예요" 하고 위로하듯 속삭이기도 했다. 결국 어떤 기자는 벤 브릭의 단식이 진짜인지를 묻는 지경에까지 이르렀다. 한 달 동안 아무것도 먹지 않은 사람이 어떻게 두 다리로 서 있을 수 있는지 의심스러웠던 것이다. 나도 의심스러웠다. 물론 벤 브릭 '작전'이 성공적이었다는 것만큼은 부인할 수 없는 사실이다. 경찰국가 튀니지를 둘러싸고 있던 무관심의 벽을 깨뜨리는 데 성공했으며, 벤 브릭은 마침내 자유를 얻어냈다. 그리고 벤 브릭 덕분에 이제는 매년 튀니지로 떠나는 80만 명의 프랑스인들이 그들이 두 발을 딛는 곳이 어떤 곳인가를 알게 되었으며, 튀니지의 많은 반체제 인사들도 여권을 돌려받게 되었다. 그리고 무엇보다 중요한 사실은, 벤 브릭 덕분에 많은 사람들이 용기를 얻게 되었다는 것이다. 튀니지 정권에 대한 프랑스 정부의 공식입장도 바뀌었다. 한 사람에게 더 이상 무엇을 요구할 수 있을까.

나는 여론이 변덕스럽다는 것을 알고 있었다. 벤 브릭이 지나치게 고집을 피우거나 처음과 끝이 일치하지 않아서 사람들을 싫증나게 하면 지금까지 얻어낸 모든 성과들이 물거품이 될 우려도 있었다. 우리는 병실 안에서 몇 시간 동안 토의를 거듭했다. 벤 브릭은 내 말에 귀를 기울였지만 그를 둘러싸고 있는 급진좌파 트로츠키 그룹의 영향력은 강력했다. 나는 그에게 '네 태도는 결국 언론자유라는 명분에 방해가 될 것이며, 그 때문에 국경 없는 기자회는 이제부터 거리를 둘 수밖에 없다'는 사실을 이해시키려고 노력했다. 하지만 그는 "나는 곡예사야. 정상에 올랐다가 1분도 안 되어서 다시 밑으로 떨어지는 그런 사람들이 좋다"고 응수했다.

벤 브릭은 자신만의 논리를 가지고 있었다. 동의할 수는 없지만 나는 그의 견해를 존중했다. 하지만 국경 없는 기자회의 신뢰를 떨어뜨릴 수는 없었다. 우리의 역할과 임무는 여러 사건들을 대중들에게 알림으로써 문제를 해결하는 것이지 하나의 사건에 모든 것을 거는 데 있지 않았다. 우리 조직은 입만 있는 시인들의 모임이 아니었다. 여배우 파니 아르당을 만나는 것이 유일한 관심사인 벤 브릭이 인권과 튀니지, 그리고 아내와 자식들은 아랑곳하지 않고 끊임없이 자신의 주장만 되풀이하는 상황에서 국경 없는 기자회까지 흔들리게 할 수는 없었다. 대책회의에서 국경 없는 기자회 프랑스 지부장인 노엘 코뱅과 나는 벤 브릭에게 우리의 염려와 당부를 담은 편지를 전하기로 했다.

우리가 보기에 네가 지금 단식을 멈추는 것이 미래를 지키는 거야. 그래야 너의 믿을 수 없는 그 에너지가 네가 지키려고 했던 가치들을 위해 다시 쓰일 수 있을 거야.⋯⋯너도 알다시피 지금 네 인기는 아주 좋아. 그러나 네가 하는 비난이 잘렐의 석방보다 오히려 시라크에게 맞춰져 있다

는 생각을 사람들이 하게 되면 그건 금방 바뀔 수 있어.……적이 누구인지, 그리고 목표가 무엇인지 헷갈리면 안 돼.

편지에는 노엘 코뱅뿐만 아니라 비르지니 로퀴솔, 파브리스 불레(앙포쉬드 통신사), 마리 아네스 르플레되르(시피아 통신사), 프랑스 팔로마레스(화가), 장 프랑수아 푸와리에(아로에 출판사 문학편집장), 카멜 장두비(재불 튀니지 인권단체 책임자) 등 여러 사람이 서명했다.

5월 9일, 나는 〈리베라시옹〉과 인터뷰를 하면서 이제 단식농성을 중단해야 한다고 말했다. 인터뷰에서 나는 벤 브릭이 언론자유 투쟁을 미디어 선전전으로 변질시켜서는 안 된다고 강조했다. 인터뷰와 편지에서 미리 양해를 구했음에도 불구하고 벤 브릭은 국경 없는 기자회의 입장을 쉽사리 받아들이지 못했다. 그는 우리의 입장을 비겁함으로 규정하는 것 같았다.

〈리베라시옹〉 기사가 나간 다음날, 그를 방문했을 때 내가 여전히 자신의 친구라고 이야기했다. 하지만 그는 내가 없는 동안에는 온갖 악담을 늘어놓았다. 그에게 나는 단순한 배신자로만 그치지 않고 그야말로 나쁜 놈이었다. 자신의 이익보다는 국경 없는 기자회의 이익을 먼저 생각하는 사람이라고 생각했다. 물론 맞는 말이다. 국경 없는 기자회의 입장에서 보면, 벤 브릭은 자신에 대한 신뢰를 스스로 손상시킴으로써 결국 튀니지에서 함께 일구었던 투쟁을 망치고 있었다. 벤 브릭의 부인과 동생, 그리고 벤 세드린도 전화를 걸어와 내 방침이 올바른 것이라고 동의해주었다. 그들의 말은 내게 힘을 주었다.

그럼에도 불구하고 우리는 필요할 때마다 그를 도왔다. 라 데쿠베르트 출판사[17]에서 벤 브릭의 기사 모음집이 나왔을 때도 나는 기꺼이 서문을 써주었다. 심지어 내 집에서 며칠 동안 묵도록 해주었다. 결국 실패로 끝나긴 했지만 5월 11일, 그가 '순회 단식농성'을 위해 알제리로 가려고 할 때도 나는 그의 옆을 지켰다. 그로부터 나흘이 지난 뒤에 벤 브릭의 동생이 석방되자 마침내 그는 단식을 중단했다. 한 달 보름 만에 벤 브릭의 몸무게는 무려 30킬로그램이나 빠졌다. 그의 몸무게만큼이나 사람들의 신뢰도 많이 떨어졌다. 하지만 한 사람의 활동가를 향해 그가 가진 열정적인 무모함을 찬양하면서 동시에 그를 통제하기 어렵다고 비난하는 것은 해서는 안 될 일이다. 벤 브릭에 대한 통제가 가능했다면, 튀니지 당국에 대한 통제 역시 가능했을 것이다. 그랬다면 벤 알리 장군의 독재를 뒤흔드는 데까지 이르지도 못했을 것이다.

영웅이 남긴 교훈

나는 벤 브릭 사건을 통해 두 가지 큰 교훈을 얻었다. 첫 번째는, 국경 없는 기자회에서 보낸 시간과 경험을 통해 피해자가 언제나 영웅이 아니라는 사실과, 그리고 우리가 그들을 돕기 위해 무엇을 해주었던 간에 대가를 바라서는 안 되며, 그들은 여전히 (자신들의 결정에) 독립적이라는 사실을 받아들여야 한다는 것이다. 그들이 원했던 것이 바로 이러한 자유에 대한 열망이었으며, 다소 불편하더라도 우리는 그걸 존중해야만 한다는 것이다.

그리고 두 번째는, 이처럼 미묘한 것들이 여론에는 잘 포착되지 않는다는 것이다. 일단은 사람들에게 최대한 메시지를 전하기 위해 텔레비전을 이용하기로 했다면, 그때부터는 각자 자신이 맡은 역할을 충실하게 하면 되는 것이다. 즉 사람을 죽이는 망나니는 처음부터 끝까지 악역(벤 알리 대통령은 완벽했다!)이어야 하고, 피해자는 어떤 경우에도 개인적인 감정에 휩쓸리지 않아야 한다는 것이다. 이 같은 사실은 우리가 때때로 현실을 최대한 단순화할 수밖에 없는 상황으로 몰린다는 것을 의미한다. 우리의 메시지는 그런 대가를 치르고 난 뒤에만 세상으로 전파될 가능성이 있는 것이다.

벤 브릭 사건에서 우리 국경 없는 기자회가 맞닥뜨렸던 가장 큰 위기는, 세상의 '진리'와 언론자유 수호라는 사명을 올바르게 수행하기 위한 '필요' 사이에서 우리가 어떤 선택을 해야 하는가 하는 문제에서 비롯되었다. 벤 브릭 사건을 통해 이 문제가 본격적인 현안으로 떠오르긴 했지만 조직의 존폐를 위협할 만한 토론이 이루어진 일은 없었다. 물론 몇 년 전이었다면 국경 없는 기자회가 깨지는 계기가 되었을지도 모르지만 말이다. 지금부터는 느리고, 때로는 고통스러

웠던 국경 없는 기자회의 '정치적인 성숙'에 관한 이야기를 해보고자
한다.

좌파 혁명가에서 인권의 바다로

2

어린 혁명가

국경 없는 기자회는 처음부터 언론자유를 수호하기 위해 만들어진 조직은 아니었다. 사실 기자회는 1985년 6월의 어느 날, 몇몇 동료들과의 지극히 가벼운 결정에서 비롯되었다. 당시 나는 지방 라디오 방송인 프랑스 에로[1]-의 기자로 일하고 있었다. 어느 날 저녁 몽펠리에의 사무실에서 나는 동료들과 함께 프랑스 앙테르에서 하는 '전화가 왔어요'[2]-라는 프로그램을 듣고 있었다. 그날은 국경 없는 의사회[3]-회장 로니 브로만이 출연해서 청취자들의 질문에 답변을 하고 있었다. 그는 제3세계에서 벌어지는 분쟁에 대한 프랑스 미디어의 보도방식을 강하게 비판하면서 전쟁이나 기아, 대참사가 일어날 때만 가장 가난한 나라들이 화제의 대상이 되는 것은 대단히 유감스러운 일이라고 언급했다.

그의 발언은 곧바로 우리들의 토론으로 이어졌다. 동료 중 하나인 프리데릭 코코니에가 이제까지 취재에 소외되어 있던 지역이나 국가에 관심을 갖는 '국경을 뛰어넘는 저널리스트' 조직을 만들어보면 어떨까 하는 제안을 처음으로 내놓았다. 나는 곧바로 그 아이디어에 매료되었다. 지난 몇 년 동안 잠잠하게 지냈던 내가 다시 투쟁의 전선으로 나서는 계기가 될지도 모른다는 생각이 들었던 것이다.

나는 언제나 과격하고 급진적인 활동가였다. 그 모든 것은 1968년 내가 중학교에 다닐 때부터 시작되었다. 당시 열다섯 나이의 중학교 4학년에 불과했던 나는, 썩 내키지는 않았지만 그 해에 밀어닥친 학생운동의 회오리[4]-에 휩쓸려 다니고 있던 학교를 봉쇄하는 데 성공했다. 그때 내 꿈은 국회의원이 되는 것이었다. 그리고 다른 많은 아이들처럼 마르크스주의자라고 말하고 다녔다. 하지만 반공 성향이 강했던 집안 분위기 때문에 프랑스 공산당[5]-에 가입하기는 지극히 어려웠다. 그래서 나는 아나키스트[6]-, 그것도 '상황주의자'[7]-의 길을 선택하게 되었다. 하지만 제대로 알지 못하는 단어들을 입에 올리면서 격렬하게 토론했던 것을 빼고 나면 사실 우리가 한 일은 별다른 것이 없었다. 프랑코 정권[8]- 하의 스페인에는 여행을 가지 말라고 벽에 스프레이로 낙서를 하거나 포도재배 농가를 지지하는 시위에 몇 차례 참여하는 정도였다. 당시 내 잠자리 머리맡에 놓여 있던 책은 상황주의 철학자인 라울 바네이겜의 《젊은 세대들을 위한 삶의 지혜》였다.

나와 '동지'들은 진지하긴 했지만 스스로를 지나치게 과신하기도 했다. 나는 〈무정부상황주의자〉라는 제호의 신문을 만들어 배포했다는 이유로 입학한 지 3개월 만에 고등학교에서 퇴학당하고 말았다. 그 신문에는 두 쪽에 걸쳐 "어린 소녀의 엉덩이에 키스하고 싶다"는 한 남자의 이야기가 눈에 띄게 실려 있었다. 그런데 이 기사는 보다 개방적인 성교육을 장려했다는 이유로 교육 당국에 의해 해직당한 한 선생에 대한 지지를 나타낸 것이었다. 하지만 교장은 우리의 메시지를 전혀 이해하지 못했다. 여하간 이런 도발적인 행동을 하고 난 뒤에 우리는 조금 신중해졌다.

그러다 1973년 9월 11일, 칠레에서 일어난 피노체트 장군의 쿠데타는 활동가로서의 열정을 다시 불러일으켰다. 나는 어떤 역할을 해야 한다, 다시 말해 '무언가 하고 싶다'는 생각에 사로잡혔다. 그래서 나는 아나키스트들을 조직화하는 것은 불가능하다고 판단하고, 트로츠키파로 전향, 혁명공산주의연맹[9]-에 가입했다. 나는 새로 가입한 조직이 다른 극좌파 조직보다 훨씬 더 개방적일 뿐만 아니라 교조주의적이지 않을 것이라고 확신했다. 하지만 이런 확신이 착각이었다는 사실을 깨닫는 데는 오랜 시간을 필요로 했다. 몽펠리에에서 가까운 베지에 지부에는 사람이 적었다. 채 열 명도 되지 않았지만 지향하는 노선은 다양하게 나뉘어져 있었다.

아나키스트들 속에 있었던 때와 마찬가지로 우리가 가진 에너지의 절반 정도는 내부 토론에 할애했다. 하지만 지금 생각해보면, 그때 무엇 때문에 그렇게 많은 토론을 벌였는지 설명할 수조차 없다. 당시에는 우리에게 가장 위험한 적은 우리들 중 한 사람이며, 만약 혁명에 실패한다면 그것은 부르주아나 스탈린주의자 때문이 아니라 바로 옆에 앉아 있는 저 바보 같은 놈 때문이 아닐까 하는 생각마저 들기도 했다.

혁명의 길로 들어서다

내가 '직업적 혁명가'가 되기로 결심한 것도 바로 그 무렵이었다. 그것을 위해 나는 몇 가지 사항을 실천에 옮겼다. 우선 몽펠리에 대학 문학부에 등록했다. 문학부에 입학할 때 나는 두 가지를 고려했다. 첫 번째는, 커리큘럼 중에 내가 일용할 양식이었던 칼 마르크스를 다루는 과목들이 많다는 것과, 게다가 그 과목들은 많은 공부가 필요하지 않았다는 것이다. 그리고 두 번째는 전공필수 과목을 이수하는 시간이 별로 많지 않아서 다른 활동도 가능하다는 것이었다. 그 다음으로 나는 스페인 혁명가의 딸로 열렬한 반제국주의자였던 열아홉 살의 에스메랄다와 결혼했다.

그러던 중에 마침내 동지들과 함께 공격할 목표물을 하나 선택했다. 우리들이 선택한 '희생자'는 '라 리토랄'이라는 회사였다. 이 회사는 제초제 합성에 사용하는 메틸이소시안을 만들어내는 유니온 카바이드[10]의 자회사로 베지에 부근에 자리잡고 있었다. 메틸이소시안은 훗날 인도 보팔 시에서 일어난 대참사[11]의 원인이 되기도 했다. 인구가 많은 주거우선지역에 공장을 건설한 라 리토랄사는 주민들의 안전에 충분한 주의를 기울이지 않은 것으로 보였다. 그리고 그 회사에는 우리들이 신뢰하는 동지도 있었다. 조합 지부의 간부가 트로츠키주의자였던 것이다. 우리는 전단을 배포하고, 연좌농성을 조직했다. 그리고 회사의 비밀문서를 빼앗아 경영진의 사무실에서 공개하는 등 대단히 과격하게 활동했다. 그렇게 몇 달 간의 게릴라전이 벌어진 뒤에 우리는 마침내 승리를 거두었다. 회사는 공장의 안전을 위해 몇 가지 조치를 취해야만 했다.

나는 이 일을 계기로 한 가지 중요한 확신을 갖게 되었다. 그것은 폭력 같은 수단에 호소하지 않더라도, 지극히 작고 사소한 방법으로 보다 많은 소리를 내게 함으로써 목적을 달성할 수도 있다는 것이었다. 이때 얻었던 확신을 나는 지금껏 버리지 않고 있다. 그리고 그 확신은 나를 '적극적 행동주의'로 나서게 한 결정적인 계기가 되었다.

라 리토랄에 대한 투쟁을 대중들에게 알리기 위해 우리는 '자유 라디오'[12] 방송국을 만들었다. 이 방송국은 해적 방송과 거의 같은 의미로 통용되는 '자유 라디오'가 프랑스에서 처음 생겨나기 시작할 무렵에 만들어진 것이다. 방송국 이름인 '라디오 포마레드'[13]는 페즈나의 한 공동묘지에 묻혀 있는 '위대한 강도'의 이름에서 따온 것이었다. 동지들과 나는 우리가 의적 같은, 어떤 의미에서 남프랑스의 로빈 후드 같은 사람들이고 생각했다. 그런데 얼마 지나지 않아 우리는 포마레드가 가난한 사람에게 단 한 푼도 주지 않은 진짜 악당이었다는 사실을 알게 되었다. 어찌됐건 1977년 나는 라디오 포마레드의 진행자가 되어 있었다. 그렇게 해서 나는 기자가 되었다.

당시 나는 학업에는 완전히 손을 떼고 있는 상태였다. 이미 2년 전에 나는 학사 학위 취득을 포기했던 것이다. 이유가 있었다. 남프랑스 카르카손에 주둔하고 있는 해병대 제3낙하산 부대에 들어가 군내에서 조합활동을 하려 했던 것이다. 그런데 해병대 사령관은 다음과 같은 말로 나를 맞아주었다.

"자네는, 자네가 왜 여기에 왔는지 잘 알고 있겠지? 자네 같은 트로츠키주의자들은 군내에서 노동조합을 만들기를 좋아한다면서? 좋아. 그러면 여기서도 한번 열심히 만들어봐."

몇 주가 지난 뒤, 근육질의 지원병들에 둘러싸여 지내는 동안 내가 가진 반체제적 열정도 한 풀 꺾였을 것으로 확신한 사령관은 나를 몽펠리에에 있는 장교시설로 보냈다. 내가 맡은 보직은 도서관의 사서였다. 하지만 얼마 후 나는 다시 빌뇌브 레 아비뇽 부대의 경리과로 가라는 전출명령을 받았다. 하지만 거기서 나는 처음으로 병사조합을 만드는 데 성공했다.

군복무를 마친 뒤에 내가 처음 선택한 직업은 집집마다 보험상품을 팔러 다니는 일이었다. 성과는 미미했다. 그 다음에는 아버지와 함께 회사를 세워 벌꿀을 원료로 한 화장품을 만들어 시장에 내놓았다. 하지만 아버지는 내가 '혁명'을 위해 할애하는 시간이 사업에 도움은커녕 오히려 해가 된다고 생각했다. 불행하게도 서로를 이해하기에는 많은 시간이 필요했다. 그러던 중에 라디오 포마레드라는 것이 불쑥 나타났다. 주체하기 힘들 만큼 남아도는 시간을 메워줄 절묘한 타이밍이었다.

저널리즘의 세계로

지금으로부터 30년 전 프랑스에서도 정보가 독점되고 있었다는 사실을 지금 우리 모두는 잊고 있다. 당시에는 다른 지역과 마찬가지로 남프랑스에서도 지역 텔레비전 방송은 당연하다는 듯이 친親정부적이었다. 미디의 지역 신문인 〈미디 리브르〉[14] 역시 정치색과 상관없이 정부 고위관료들과 연결되어 있었다. 당시 베지에 시장은 공산당 출신이었지만 그의 머릿속에는 오로지 고용문제밖에 들어 있지 않았다. 그래서 그는 우리가 라 리토랄을 공격하는 것을 원치 않았다. 하지만 라디오 포마레드는 방송을 통해 시장과 다른 견해를 표명했다. 당시에는 새롭게 등장한 매체인 자유 라디오가 표현의 자유를 위해 투쟁한다는 사실 자체가 대단히 혁신적인 것이었기 때문에 많은 사람의 지지를 받았다. 그래서 전국 매체에서도 우리의 투쟁을 적극적으로 다뤄주었다.

그러던 어느 날 라디오 몬테카를로[15]의 기자 하나가 〈르 프티 베지에〉라는 제호의 무가지 창간에 합류할 것을 제안했다. 나는 그 제안을 받아들였다. 첫 번째 취재는 지역 팀 간의 축구경기였다. 그런데 문제는 내가 축구를 대단히 싫어하고, 그래서 제대로 된 기사를 쓸 수 없었다는 것이다. 내게는 고통스런 일이었다. 신문사 일은 쉽지 않았다. 신문을 창간했던 사람들은 신문 제작에 흥미를 잃었고, 경영마저 순조롭지 않았다. 결국 기자는 나 혼자밖에 남지 않았다. 그래서 나는 내가 쓰고 싶은 것을 썼다. 그런데 놀랍게도 신문은 6만 부 이상이나 발행되었다!

선전선동 전문가에게 이보다 더 좋은 기회를 생각할 수 있을까. 그 2년 동안, 혁명의 언어들을 전파하기 위한 믿을 수 없을 만큼 훌륭한 도구가 내 손 안에 있었던 것이다. 솔직히 말하면, 그때부터 나는 저널리즘과 특별한 관계를 맺게 되었다. 다시 말하면, 나는 언론의 역할은 개인의 주장이나 대의를 위해 사용되어야 한다고 확신했던 것이다.

하지만 아무리 멋진 모험이라 할지라도 끝은 있는 법이다. 〈르 프티 베지에〉의 광고주들은 내 격렬한 논조가 무가지의 이미지를 망친다고 사주를 설득하는 데 성공했다. 그래서 나는 해고되었다. 그러나 이미 나는 저널리즘의 맛을 보았고, 그 뒤로 몇 년 동안 지방경제지에서 프리랜서 기사로 일했다. 그리고 1983년, 에로 지방의 국영 라디오 방송인 '라디오 프랑스 에로' 의 정치부 기자로 입사했다.

국경 없는 기자회의 창설

국경 없는 기자회(Reporters sans frontiers)의 창설(다른 단체에서 이미 Journalistes sans Frontire라는 말을 쓰고 있었다)은 내 개인적인 삶의 궤적과 일직선상에 놓여 있었다고 할 수 있다. 기자회의 목적은, 제3세계의 혜택 받지 못한 사람들의 현실을 세상에 전함으로써 여론의 주의를 환기시키는 것이었다. 국경 없는 기자회를 제대로 조직하기 위해 나는 6개월 간 휴가를 냈고, 당시 회원으로 가입해 있던 몽펠리에 프레스클럽의 지원을 받았다. 그때 나는 더 이상 혁명공산주의자연맹에 속해 있지 않았다. 다른 동료들처럼 나도 한창 집권 가능성이 높아진 사회당[16]-에 침투공작을 펼치기 위해 혁명공산주의자연맹을 떠난 상황이었다. 하지만 그런 전략을 선택한 것은 바보 같은 짓이었다. 우리는 사회민주주의[17]-를 우리들이 가진 '명쾌한' 사상을 채워넣어야 할 빈 거품 같은 이념이라고 생각했다. 물론 그 거품은 이미 정치적 술수들과 개인적인 전략들로 가득 차 있었다. 시청을 어떻게 탈환할 것이며, 기초자치단체장이나 주요부서의 장長은 어떻게 정할 것인가 하는 계획이 이미 서 있었던 것이다. 하지만 결론부터 말하면, 사회당이 집권하면서 망한 것은 우리 트로츠키주의자들뿐이었다.

사회당에 2년 동안 있으면서 나는 포스터를 붙이는 등 활발하게 조합활동을 했으며, 사회당의 독자적인 라디오 방송인 라디오 리포스트의 제작을 지원하기도 했다. 그래서 나는 사회당의 주요 인사들을 다 알고 지냈다(사실 이런 인간관계의 덕을 여러 번 보았다는 사실을 고백해야만 하겠다). 언젠가 라디오 리포스트가 방송 독점[18]을 위반했다는 판결을 받았을 때 당시 사회당 당수인 프랑수아 미테랑에게 신원보증인이 되어달라고 부탁하기까지 했다. 그래서 1980년 11월, 미테랑은 베지에 법정에 출두해서 "부당할 뿐만 아니라 시대에 뒤떨어진 고리타분한 법률로 누군가를 처벌하는 것은 있을 수 없는 일"이라고 증언했다. 그의 도움은 정말 귀중한 것이었으나 그렇다고 미테랑의 지지자가 되지는 않았다. 오히려 나는 1981년 5월 미테랑이 대통령으로 선출된 선거 결과[19]에 크게 실망했다. 그래서 사회당이 집권하고 나서 얼마 지나지 않아 사회당 당원증을 찢어버렸다. 그렇다고 혁명공산주의연맹으로 돌아가지도 않았다. 이처럼 국경 없는 기자회는 애당초부터 다양한 성향을 가진 기자들(레미 루리, 자크 몰레나, 에밀리앙 쥐비노, 그리고 나)로 이루어진 비정치적 조직이었다.

사회당과는 결별했지만 1985년 6월 25일 미테랑 대통령이 몽펠리에에 잠시 들른 틈을 이용해 그에게 국경 없는 기자회가 공식적으로 탄생했다는 사실을 알렸다. 그와의 면담을 통해 우리는 기자회의 계획에 대한 상징적인 지지를 청원했다. 대통령은 아무런 조건도 달지 않고 우리의 요청을 흔쾌히 들어주었다. 그로부터 1년 뒤인 1986년에는 당시 문화·커뮤니케이션 장관이었던 프랑수아 레오타르가 우리 조직의 후원자가 되어주었다.

내가 보기에 인권 분야에서는 좌우파 같은 전통적인 정치적 대립의 기준이 그다지 적확하지 않은 것 같다. 우파나 좌파나 모두 인도적 활동을 지원해왔고, 나 역시도 국경 없는 기자회가 좌파 단체로 분류되는 것을 원하지 않았다. 그래서 우리 이사진은 항상 다양한 입장을 가진 사람들로 구성되었다. 우리는 프랑수아 미테랑에게 돈을 요구하지 않으려고 스스로를 엄격하게 감시했지만 현실은 언제나 돈을 필요로 했다. 기자회의 목적이 전통적인 언론사들이 원하지 않거나 할 수 없는 그런 취재들을 경제적으로 지원하는 것이었기 때문이다. 지방자치단체에 대한 지원 요구는 성공적이었다. 시나 도에서 보조금을 타내는 것은 전혀 어려운 일이 아니었다. 그들이 기꺼이 돈을 내놓은 것은, 우리의 주장에 공감하는 것도 있지만 계산적인 이유도 있었다. 그들은 〈미디 리브르〉의 스타 기자인 레미 루리나 라디오 프랑스 에로에서 정치 프로그램을 진행하는 나와 사이가 나빠서 좋을 이유가 전혀 없었던 것이다.

로니 브로만을 처음 만난 것은 파리에서였다. 그는 우리 생각에 우호적이긴 했지만 기자회의 존재 의의에 대해서는 그다지 신뢰하는 것 같지 않았다. 게다가 그는 나를 별로 진지하게 생각하는 것 같지도 않았다. 우리가 만든 조직이 파리에 있는 것도 아닌 데다, 무엇보다 그가 만든 '국경 없는 의사회' 등에서 볼 수 있는 '국경 없는……'이라는 탈국경주의가, 그것도 한참 유행이 지난 뒤에 새롭게 등장했기 때문이었다.

그를 설득하기 위해 나는 그가 아직 한 번도 만나보지 못한 프랑수아 미테랑과의 인터뷰라는 히든카드를 꺼내들었다. 내 카드를 받아든 그는 이렇게 대답했다. "좋습니다. 당신이 대통령과 약속을 잡는 날, 다시 국경 없는 기자회에 대해 이야기해봅시다." 사흘 뒤 약속 날짜가 잡혔다. 그래서 그와 함께 인터뷰 장소에 갔고, 자연스럽게 국경 없는 기자회를 만드는 일도 함께 했다. 원래 로니는 모택동주의자였다. 애당초라면 도저히 함께 할 수 없는 적이나 마찬가지였지만, 그의 행동방식만큼은 내 마음에 들었다. 그는 실용주의자로 거대 담론이나 형식에 조금도 얽매이지 않았다. 국경 없는 의사회가 효율성이나 인지도를 높일 수 있었던 것도 그의 탁월한 리더십 덕분이었다. 나는 그를 존중했으며, 그 역시 나를 돕고 싶어했다. 로니는 언론이 인도주의 단체의 일을 제대로 다루지 않고 있다는 확신을 가지고 있었다. 그래서 그는 우리 같은 조직이 그러한 단체에 대한 취재를 보다 긍정적으로 바꿀 수 있으며, 결과적으로 국경 없는 의사회 활동에도 도움이 될 것이라고 생각했다.

우리의 첫 번째 이사회도 국경 없는 의사회 사무실에서 열렸다. 로니는 국경 없는 기자회의 공동 창립자로 여겨질 만큼 기자회의 창설에 많은 기여를 했다. 몽펠리에서처럼 조직 무제나 사소한 일들로 나는 다른 창립자들과 갈등을 빚었다. 우리는 조직을 만들었지만 나는 토론할 줄 몰랐고, 혼자 결정하기를 좋아했다. 그 때문에 다른 사람들은 자신들이 떠나는 것이 더 낫겠다고 생각했다. 그들은 내가 국경 없는 기자회를 위해 최선을 다하지만 권력만큼은 조금도 나누어 가지지 않으리라는 것을 알고 있었다. 그럼에도 불구하고 그들은 나를 원망하지 않았고, 여전히 친구로 지냈다.

이상과 현실

1985년 8월, 국경 없는 기자회 최초의 특별취재단이 우간다를 향해 날아갔다. 독재자 이디 아민의 피도 눈물도 없는 철권통치로 이미 황폐해진 나라는 이제 내전에 시달리고 있었다. 아민을 쫓아낸 밀턴 오보테 정권 역시 7월에 발생한 군사 쿠데타로 축출되었고, 이후 제대로 훈련을 받지 못한 병사들이 무세베니가 이끄는 잘 조직된 게릴라들을 상대로 격렬한 전투를 벌이고 있었다.[20]- 이처럼 내전의 소용돌이에 휘말린 우간다는 나라 전체가 완전히 파괴된 상황이었다.

이런 상황에서 우리는 우간다에서 활동하고 있는 국경 없는 의사회의 현장 업무를 취재하기 위해 지방지 기자로 평판이 높았던 사진기자 앙드레 앙파르추미앙과 취재기자 자크 뒤랑을 파견했다. 두 사람 모두 자원봉사자였다. 우리는 기자들이 3주 동안 쓸 취재비를 부담하고, 그들의 취재 성과를 지방지에 게재할 수 있도록 지원하는 일을 맡았다. 이 같은 최초의 독자적인 활동을 계기로 우리는 국경 없는 기자회가 지향해야 할 목표를 성명서 형태로 간략하게 정리해서 발표했다.

제3세계 국가는 대참사나 전쟁, 혹은 기근이 있을 때만 언론에 보도된다. 여론을 환기시키거나 국제적인 지원이 절실하게 필요할 때는 결코 뉴스거리가 되지 않는다. 우리 국경 없는 기자회는 그러한 현실을 바꾸려고 한다. 모든 것에 불가능은 없다는 확신으로 미약하지만 보다 확실한 방법으로 더 이상 기자들이 단순한 현악기의 울림통이 아니라 도움을 절실하게 필요로 하는 사람을 도와주는 주체가 되자는 것이다. 이제부터 국경 없는 기자회는 뉴스에 대한 새로운 시선과, 현지에서 우리를 기다리는 국경 없는 의사회라는 두 가지 비장의 카드를 들고 매달 세계를 향해 나아갈 것이다. 기자들은 현장에서 실제로 벌어지는 사건을 있는 그대로 보도하고, 인도주의 단체의 분투를 전할 것이며, 다시는 엘살바도르와 아프가니스탄, 에티오피아의 아이들을 잊지 않는 저널리스트들이 될 것이다.

사실 우리는 지나치게 순진했다. 우리는 동업자들인 모든 저널리스트들에게 아무 거리낌 없이 교훈을 주려고 했다. 그리고 아프리카를 전혀 모르지만 새로운 시선을 가지고 있는 두 기자가 프랑스 유력 일간지의 아프리카 전문기자보다 현지 사건을 훨씬 더 잘 보도할 것으로 믿었다. 그러나 환상은 곧 깨졌다. 우리가 파견한 두 기자가 프랑스로 돌아왔을 때, 그들의 성실한 취재에도 불구하고 국경 없는 기자회에서 취재한 내용을 아무 곳에도 실을 수 없었다. 지방 신문사들은 기사를 원치 않았을 뿐 아니라 아무도 그런 주제에 관심을 갖지 않았다. 전국지의 경우에는 더 심했다. 그들은 바로 우리 코앞에서 비웃었다. "뭐라고. 아무것도 모르는 촌놈들이 우리한테 저널리즘을 강의한다고? 도대체 제정신으로 하는 소리야?" 결국 우간다 취재는 1985년 12월 26일자 〈라 데파쉬 뒤 미디〉[21]-라는 지방신문에 겨우 실렸다. 그 사이에 다른 팀들이 엘살바도르와 서사하라[22]-, 말레이시아로 보트 피플의 비극을 취재하기 위해 날아갔다. 하지만 그들이 취재를 마치고 돌아올 때마다 우리는 같은 어려움을 겪어야만 했다.

그러던 중에 만난 장 라쿠튀르는 우리를 따뜻하게 맞아준 극소수의 저널리스트 중 한 사람이었다. 그는 우리를 진지하게 받아주었을 뿐 아니라 국경 없는 기자회를 위해 프랑스 남서부 빌뇌브 쉬르에 거주하는 인도차이나 이민자들에 대한 취재를 해주기도 했다. 사진은 세계적인 명성을 자랑하는 세바스티앙 살가도가 찍었다. 이번에는 기사가 실리는 데 아무런 어려움이 없었다. 물론 이 같은 결과는 취재기자와 사진기자의 높은 인지도에서 온 것이지 주제에 대한 홍미에서 온 것은 아니었다. 당연한 이야기지만 취재에는 많은 돈이 들었고, 취재를 해서 기사를 신문사 등의 편집부에 넘기고 나면 결국 우리가 한 것이라고는 제자리 맴돌기뿐이었다. 우리의 인적·재정적 투자와 취재 결과를 발표하는 것 사이에서 특별한 인과관계를 찾기가 어려웠다.

1986년 기자회에 대한 신뢰를 높이는 동시에 활동 자금도 마련하기 위해 우리는 '구조救助를 위한 증언'이라는 주제를 기치로 내걸고 처음으로 광고 캠페인을 시작했다. 님 시의 한 광고 대행사 책임자인 이브 기요마르가 국경 없는 기자회를 위해 대단히 멋진 로고를 하나 생각해냈던 것이다. 그러나 새로운 임무를 위해 필요한 자금을 조달할 수 있을 것이라는 우리의 기대와는 달리 광고를 통해 얻은 수익은 보잘것없었다. 몇몇 인도주의 단체들이 우리 생각에 이끌려 연락을 해왔지만 그건 서로 오해에 기반을 둔 계약에 불과했다. 그들은 우리가 자신들의 활동을 '찬양'해주는 대가로 자금이 아닌 물건을 지원해주는, 말하자면 '상품교환'을 원했다. 우리는 저널리즘 활동이 아니라 광고 선전 활동을 했던 것이다. 광고 캠페인은 명백하게 실패로 돌아갔다.

그렇게 1년간의 활동을 마감한 뒤, 모두가 대단히 비관적인 상태에서 1986년 9월 열린 이사회에서 우리는 국경 없는 기자회의 실패를 공식적으로 인정했다. 당시 상황을 돌이켜보면, 비록 문제를 풀어

가는 방식은 잘못되었지만 우리가 추구하는 이상을 좇아가는 일만큼
은 바른 지향이었다는 결론을 내릴 수 있을 것 같다.

연대와 모색

뉴스의 보도방식을 바꾸는 것은 언론 외부에서 할 수 있는 일이 아니
다. 불행하게도 언론사 보도국에는 경쟁사가 이미 다룬 내용을 우선
적으로 다뤄야 한다는 일종의 묵계가 존재한다. 하긴 언론, 특히 텔
레비전 같은 시각 미디어만큼 부화뇌동하는 것도 없다! 사실 이런 식
으로 보도가 이루어지면 주제에서 눈덩이 효과가 작동하기 마련이
다. 한 거대 언론사가 어떤 주제를 다루기로 결정하면, 다른 언론사
들도 그 뒤를 좇아가는 것이다. 만약 뒤를 좇아가지 않으면 단지 오
기를 부린 것일 뿐이라는 이야기가 공식처럼 따라 나온다. 중요한 사
건이나 끔찍한 비극이 언론에서 전혀 다루어지지 않는 것도 바로 이
런 과정의 산물인 것이다. 그래서 우리는 이런 상황을 타개하기 위한
현실적인 대안을 보여주었다고 생각했지만 그건 완전한 착각이었다.
그럼에도 불구하고 로니와 나는 계속 앞으로 나아가기로 결정했다.

내 인생의 젊은 날을 지배했던 마르크스주의와, 그리고 청춘과 완
전히 결별한 것은 1987년이었다. 당시 국경 없는 의사회는 커다란 내

부 논쟁에 휘말려 조직이 소용돌이치고 있었다. 클로드 말위레의 선동으로 국경 없는 의사회 내에 로니 브로만이 이끄는 '국경 없는 자유'라는 별도의 조직이 생겨났다. 이 조직은 제3세계주의[23]와 결별한다는 분명한 목적의식을 갖고 태어났다. 마르크스의 진보사관을 계승하고 있는 제3세계주의자들은 '제3세계 국가의 정치 권력자나 정권 담당자에 대한 인식보다 그 사회에서 기아나 빈곤에 시달리는 기층 민중을 먼저 구제하고 해방시켜야 한다'는 인식을 갖고 있었다. 하지만 훗날 국경 없는 의사회의 이사장이 된 로니 브로만은 "자유 없이는 발전도 없다"는 리버럴한 입장을 강력하게 견지했다. 여러 주장과 의견들이 충돌하면서 의사회 내부에서 격렬한 논쟁이 벌어졌다. 아이러니하게도 과거에는 극좌파였던 로니 브로만과 클로드 말위레가 아무렇지도 않게 리버럴한 사상을 불어넣기 위해 고군분투했다. 나도 그들과 같은 입장이었다. 나 역시 한 사회가 최소한의 자유 없이는 발전할 수 없다고 생각했기 때문이다. 물론 언론의 자유도 포함해서 말이다.

1987년 5월, 우리는 세계의 언론자유를 주제로 심포지엄을 개최했다. 많은 언론 관계자들이 참가한 가운데 '세계의 언론자유를 위한 옵세르바퇴르(감시탑)'라는 새로운 조직을 창설하기로 결정했다. 본부를 몽펠리에 두고 세계 각국의 언론검열이나 기자들이 당면하는 문제 등에 대한 분석을 주된 임무로 하는 조직이었다. 이렇게 국경 없는 기자회의 새로운 목표를 향해 나아가는 데는 두 사람이 결정적인 역할을 했다. 그중 한 사람은 앰네스티 인터내셔널의 프랑스 지부 홍보담당자였던 샹탈 드 카사비앙카였다. 그녀는 나에게 무엇보다 인권 문제가 중요하다는 사실을 일깨워주었다. 그때 이후로 내 사고의 중심에는 늘 인권 문제가 자리잡게 되었다. 앰네스티 인터내셔널[24]의 경우, 기자가 수감되었을 때는 개입하지만 신문에 대한 검열이나 법적으로 언론의 자유가 침해받을 때는 개입하지 않고 있었다. 때문에 그녀도 이런 부분에는 다른 조직이 일정한 역할을 해야만 한다고 생각했다. 그리고 또 한 사람은 저널리스트이자 쇠유 출판사[25]의 총서담당 편집장이었던 장 클로드 기보였다. 그 역시 우리 기자회의 발전에 큰 영향을 끼쳤다. 그를 소개해준 사람은 바로 옆 사무실을 쓰고 있던 장 라쿠튀르였다. 기보는 프랑스에서 벌어지는 일들에 관심을 갖지 않고 전 세계의 언론 문제에 대해 고민할 수는 없다는 생각을 갖고 있었다. 내 역할은 로니와 장 클로드, 그리고 샹탈의 생각을 조화롭게 하나로 만드는 것이었다. 그들은 생각을 하고, 나는 그것을 행동으로 옮기고…… 확실히 그들은 뛰어난 아이디어를 가지고 있었다. 당시 나는 그런 아이디어를 현실에서 구현하기 위해 그것을 모조리 흡수하는 스펀지 같은 존재였다.

1987년 나는 언론자유 수호를 위해 이미 영국과 미국에 활동하고 있는 다양한 조직의 대표들과 만났다. 런던에 있는 '아티클 19'[26]는 언론 발전을 고민하는 대학 교수들의 모임이었고, 뉴욕에 위치한 '저널리스트 보호위원회'[27]는 1981년 〈뉴욕타임스〉의 전임 부사장이 만든 조직이었다. 미국의 위원회는 동업조합주의의 관점에서 기자들의 권익을 수호하고자 하는 저널리스트들로 구성되어 있었다. 이들에 비해 국경 없는 기자회는 언론자유에 대한 접근방식이 훨씬 더 정치적이었다. '인덱스 언 센서십'[28]- 같은 조직은 전 세계의 모든 검열 사례들을 지속적으로 조사하고 있는데, 그 대상은 언론 외에도 영화, 연극, 문학 등 거의 모든 분야를 아우르고 있다. 이 같은 여러 조직의 존재는 물론이고 언론 환경을 다양한 각도에서 검토한 결과, 나는 이 세계 속에서 언론자유가 제대로 지켜지고 있지 않다는 확신을 갖게 되었다. 그런 문제 의식에서 앞서 언급한 바 있는 '세계의 언론자유를 위한 옵세르바퇴르'라는 새로운 조직이 1987년 10월 15일 몽펠리에에서 만들어졌던 것이다. 초기에 국경 없는 기자회는 취재를 위한 자금을 지원하고, 새로운 조직인 옵세르바퇴르는 저널리스트들의 권리를 수호하는 형태로 서로 공존했다.

스타 저널리즘의 성과와 한계

대중에게 널리 알려져 있지 않은 지역에 대한 취재를 맡길 때는 지방 언론사의 기자보다는 저널리즘 세계에 잘 알려진 스타들에게 부탁하기로 결정했다. 내 생각은 단순했다. 국경 없는 기자회의 목표는 대중의 관심 밖에 있는 나라들의 소식을 전면에 드러내는 것이었고, 그걸 위해서는 한 가지 해결책, 다시 말해 언론계의 스타들에게 부탁하는 것 말고는 다른 방법이 없었다. 그들의 이름만으로도 취재 내용이 언론사에 뿌려지는 것을 보장했기 때문이다. 나는 NGO 같은 곳에서 흔히 오가는 다음과 같은 전통적인 담론을 거부했다. "우리는 이만큼이나 했어. 별다른 성과가 없지만 어쩔 수 없잖아. 시도했다는 것만으로도 만족해."

나는 아무런 효율성도 없이 단순히 개인의 양심, 즉 자기 만족밖에 없는 이런 식의 담론을 더 이상 듣고 싶지 않았다. 사람들은 "스타 저널리스트"를 흔히 "특별한 재능이나 지식도 없으면서 부끄러움을 모른 채 오로지 일에만 매달리는 사람"이라고 쉽게 이야기한다. 하지만 나는 그런 생각이 결코 올바르다고 생각하지 않았다. 오히려 그 반대로 그들이 해왔던 작업의 높은 품질을 신뢰하는 편이었다. 하지만 이런 생각은 몇 년 후 내가 장 클로드 기보나 로니 브로만과 결별하는 이유 중 하나가 되기도 했다.

1987년에 우리는 이른바 "거물작가"라고 불리는 사람들에게 여러 가지 일을 의뢰했다. 당시 우리 이사회에는 "미디어의 여왕"이라고 일컬어지던 크리스틴 오크렌트가 진작부터 들어와 있었다. 그녀의 참여를 반대하는 사람은 아무도 없었다. 물론 그녀가 없을 때 용기 있게 비판하는 사람들도 있기는 했다. 크리스틴 오크렌트가 국경 없는 의사회의 공동설립자인 베르나르 쿠시네의 부인이고, 로니 브로만의 은밀한 적이라는 소문이 있었지만 그건 일과는 전혀 관계가 없는 문제였다.

같은 해에 우리는 저명한 철학자인 레지스 드브레를 버마에 파견했다. 지금도 그렇지만 당시 버마는 기자들의 취재 활동이 금지되어 있는, 뉴스의 영역 밖에 방치되어 있는 곳이었다. 그가 돌아오고 나서 몇 달 뒤인 1988년 3월, 버마에서 대규모 민중항쟁이 일어났지만 26년 간 군림해온 독재자 네윈에 의해 강경 진압되고 말았다. 하지만 다시 항쟁이 일어났고, 독재자가 물러날 때까지 계속되었다. 1988년 9월에 들어선 임시군사정권은 수백 명의 반체제 인사와 수천 명의 시민들을 학살하면서 그들이 말하는 "질서회복"에 나섰다.[29] 하지만 우리가 보낸 레지스 드브레는 취재 여행 중에 아무것도 보지도 감지하지도 못했다. 그는 '여행자의 방황' 이라는 제목의 글에서 뛰어난 문장으로 이렇게 썼다.

때는 1987년 크리스마스였고, 피에르 비야셈스키와 나는 영원 전부터 존재했던 매혹을 맛보기 위해 여기에 왔다. 그는 유머와 붓, 물감을 가지고 왔고, 나는 오래된 향수와 진부한 생각들을 가지고 왔다.⋯⋯우리는 2주일을 지냈다. 위선으로 가득 찬 나라에서 어수룩한 두 사람이 어떤 고생을 했는가는 나중에 이야기하기로 하고, 일단 여기서는 핵심만 이야기하자.⋯⋯우리가 역사의 현장에서 나왔다고 믿고, 사건에서 멀어졌다고 생각했을 때, 그 사건들은 마치 따귀처럼 우리 얼굴에 들이닥쳤다.⋯⋯우리가 떠나고 몇 달이 지난 뒤, 버마의 성벽은 성난 군중의 분노로 폭발했다.······우리는 이 나라 안에 숨겨져 있던 대서사시의 징후를 전혀 찾아볼 수 없었다. 1988년 9월 18일에도 군부는 외교적 반대에도 아랑곳하지 않고 쿠데타로 다시 집권했고, 그들은 적어도 2천 명의 비무장 학생들을 죽였다. 이제 랭군에는 질서가 자리를 잡아가고, 조금씩 관광객들이 찾아오고 있다.······그들은 애초부터 성격적으로 모든 고통에 대해 무감각한 듯 보였다. 그래서 그들은 이런 일들이 식상하게 벌어지는 현실에 대해 무서워하는 우리의 시선을 이상하게 여겼다.······모든 것이 조직되어 있는 숨 막히는 방이 아무 문제없는 자급자족 사회로, 결핍이 금욕주의로, 그리고 두려움이 침묵으로 옮겨가는 그 순간을 어떻게 측정할 수 있겠는가. 그리고 이 모든 것이 아름다운 전통으로 변해 민중의 영혼으로 옮겨가는 것을 어떻게 측정한단 말인가.

레지스 드브레가 최근에 코소보에 대해 쓴 글[30]-들을 보면서 나는 그가 자신이 예전에 쓴 글을 다시 읽어보면 어떨까 하는 생각을 여러 차례 했다. 당시 전국지 중에서 그가 버마에 대해 쓴 글을 싣겠다는 곳은 아무 데도 없었다. 결국 그의 글은 《앰네스티 인터내셔널 연감》에 실렸다. 우리는 약간 낙심했지만 계속 새로운 실험을 해나갔다. 그런 일 중 하나는 국경 없는 기자회와 장 클로드 기보가 세운 아를레아 출판사[31]-가 계약을 맺은 일이었다. 국경 없는 기자회는 작가들을 제3세계로 보내는 일을 맡고, 아를레아 출판사는 그들이 취재한 내용을 책으로 펴내는 것이었다. 그런데 문제는, 작가들의 취재 내용이 대단히 훌륭했음에도 불구하고 책을 사려는 사람은 거의 없었다는 사실이다. 높은 평가에 비해 판매는 대단히 저조했다. 우리의 목표, 즉 소외된 지역의 진실을 항상적으로 전하겠다는 관점에서 보면, 이 사업 역시 실패로 끝났다는 결론을 내릴 수밖에 없다.

새로운 목표를 향한 궤도 수정

기자회와 달리 언론자유에 관한 단신을 전해왔던 별도 조직 옵세르바퇴르는 점차 세상에 알려지기 시작했다. 1988년 1월, 우리는 제2공영방송인 앙테나2[32]에서 하는 '레지스탕스' 라는 프로그램의 초대를 받았다. 그리고 거기에서 처음으로 국경 없는 기자회가 언론자유를 수호하기 위해 설립된 조직으로 소개되었다. 우리 조직의 원래 목표(우리가 처음 내건 목표는 언론에서 소외되고 있는 제3세계의 현실을 알리는 것이었다)가 이처럼 변질되고 있음에도 그것을 확실하게 이론화·체계화하지 못한 상태에서 국경 없는 기자회는 서서히 인권단체로 대중들에게 인식되었다. 우리가 최초에 지향했던 목표는 여론이나 동업자들의 지지나 관심을 얻지 못했지만 저널리스트의 인권이나 언론자유 수호를 목적으로 하는 새로운 목표는 사람들의 관심을 끌었던 것이다.

우리 조직의 부이사장이 된 장 클로드 기보는 이 같은 사람들의 관심을 이용해서 1988년 10월 12일, 몽펠리에서 가까운 카스트리 리는 도시에서 제1차 국제 언론 세미나를 개최했다. 이 세미나에서 우리는 언론자유를 짓밟는 국가의 수와 국명, 통계수치를 공개했다. 《객관적 자료》라는 제목의 자료집을 출간한 것은 성공적이었다. 성공에 고무된 기보는 전 세계 206개 국가의 언론자유에 관한 현황을 총괄하는 단행본을 출판하자는 아이디어를 냈다. 크리스틴 오크렌트가 서문을 쓰고, 쇠유에서 펴낸 첫 번째 《언론자유에 관한 연례보고서》는 엄청나게 두꺼운 대작이었다. 하지만 유감스럽게도 이 책은 언론의 지대한 관심에도 불구하고 3천 540부밖에 팔리지 않았다.

보고서가 나오기 한 달 전인 1989년 2월, 우리는 국경 없는 의사회와 공동으로 《세계의 자유 지도》라는 제목의 책을 아를레아 출판사에서 출판했다. 이 책은 기보가 해설을 덧붙인 자유에 관한 기본적인 항목을 40개 선정하여, 그것을 기준으로 작성한 세계지도였다. 《언론자유에 관한 연례보고서》와 마찬가지로 이 책의 판매 역시 부진했다. 하지만 이 같은 상업적인 어려움, 즉 활동자금을 마련하는 어려움이 항상 우리를 괴롭혔지만 결코 우리의 본질을 바꾸지는 못했다. 여러 어려움이 있었음에도 불구하고 국경 없는 기자회는 서서히 변화를 맞고 있었다. 그리고 그런 사실을 명확하게 밝히지는 않았지만 우리는 인권옹호라는 방향으로 활동 궤도를 수정함으로써 그때까지 지향해왔던 '기존 언론을 대체할 수 있는 새로운 언론'을 모색하는 활동은 조금씩 축소되었다.

1989년 초, 나는 라디오 프랑스를 완전히 떠나기로 결심했다. 자원봉사 같은 방식으로는 더 이상 기자회 일을 지속하는 것이 불가능했기 때문에 나는 국경 없는 기자회의 상임 사무총장이 되었다. 이사회에서 활동하던 두 사람까지 포함해서 여섯 명을 새롭게 채용하는 등 조직을 재편하고, 해외 특파원들로 이루어진 광범위한 네트워크도 구성하게 되었다. 이들의 임무는 언론자유를 침해하는 모든 사례들을 본부로 보내는 것이었다. 우리는 이들이 보낸 자료를 모두 취합해서 곤경에 처한 기자들을 돕는 데 활용했다. 실제로 우리는 첫해부터 150~200회 이상 사건에 개입해서 기자들에게 실질적인 도움을 주었다. 우리가 하는 일의 성격이 변하면서 그에 따른 방법이나 수단 역시 새로운 적응을 필요로 했다. 수십만 프랑에 불과했던 기자회의 예산은 180만 프랑으로 늘어났고, 그중 절반은 에로 지방의 지방자치단체에서 나왔다.

1989년 6월 23일, 별도 조직이었던 옵세르바퇴르와 기자회의 통합이 자연스럽게 이루어졌고, 명칭은 계속 국경 없는 기자회로 쓰기로 했다. 하지만 조직의 통합은, 우리가 무엇을 위해 옵세르바퇴르라는 이름의 별도 조직을 만들었는가를 자문하면서 스스로의 실패를 인정하는 결과를 가져왔다. 우리가 그때까지 지향해왔던 '대안언론'에 대한 모색, 즉 직접 취재일선에 뛰어들어 새로운 시각으로 기사를 작성하겠다는 의지를 접게 되면서 애당초 우리가 꿈꾸었던 국경 없는 기자회는 종언을 고하고 말았다. 이 과정에서 국경 없는 기자회 창설 때부터 함께 모험을 감행했던 몇몇 몽펠리에 출신 동료들은 '대인언론'을 만들어보겠다는 최초의 목표가 사라지는 것을 탄식하며 조직에서 떨어져나갔다. 새로운 조직에서 장 클로드 기보는 이사장을, 로니 브로만은 부이사장, 그리고 나는 사무총장을 맡았다.

기자들, 언론을 비판하다

3

인간의 얼굴을 전면에!

우리는 세르게이 쿠즈네초프라는 이름의 러시아 저널리스트에게 상당히 많은 것을 배웠다. 이 서른두 살의 젊은 저널리스트는 '개방'을 뜻하는 비공인 잡지 《글라스노스트》의 우랄 지역 지국 기자로 활동하다가 1989년 1월 지역 당국에 대한 비판적인 기사를 실었다는 이유로 체포되었다. 당시 소련은 한창 페레스트로이카의 물결에 휩싸여 있었고, 고르바초프 대통령은 국제 사회에서 민주주의자로 인정받으며 상당한 호감과 인기를 얻고 있었다. 그런 와중에 발생한 쿠즈네초프의 구속은 해외뿐만 아니라 지역 주민에게도 결코 호의적인 반응을 이끌어내지 못했다. 그럼에도 불구하고 그의 석방을 요구하는 항의는 결국 실패로 끝나고 말았고, 이 저널리스트의 조건부 석방이 이루어지기까지는 무려 36일 간에 걸친 단식농성을 포함해 총 7개월이라는 시간이 걸렸다. 하지만 같은 해 8월에 풀려난 세르게이 쿠즈네초프는 불과 석달 뒤인 1989년 10월 18일 다시 체포되었다. 스베들로프스크 시의 공개 토론회에서 그 지역 KGB 책임자가 1986년 반체제 인사를 정신병동에 강제 입원시킨 일에 연루되어 있다고 고발했던 것이다. 체포 당일 세르게이는 다시 단식농성에 들어갔다. 하지만 그는 감옥에서 부당한 대우를 받았을 뿐만 아니라 교도관들이 법정 계단에서 집어던지는 바람에 머리에 상처를 입기도 했다. 11월 28일, 비공개 재판에서 판사는 그에게 3년 수용소행을 선고했다. 몸을 가눌 수 없었던 세르게이는 들것에 누운 채로 재판 결과를 통보받았다.

우리가 과거의 유물이라고 생각했던 단식농성이 실제로는 상당한 효과가 있었다. 세르게이가 3년형을 선고받던 날, 노벨평화상 수상자인 안드레이 사하로프 박사가 세르게이가 감옥에 있는 상태로 모스크바에서 세계인권회의가 열리는 것은 도저히 있을 수 없는 일이라고 언급함으로써 그의 투옥에 분노를 표명했던 것이다. 우리는 진작부터 소련에 있는 반체제 인사들을 통해 사건의 세부적인 내용까지 전해 듣고 있었기 때문에 재빨리 행동에 들어갈 수 있었다. 우리는 사건의 당사자인 세르게이의 경력과, 고르바초프의 정치경찰이 자행한 폭행 등에 대한 상세한 정보를 언론에 최대한 유포시켰다.

같은 해 12월, 우리는 몽펠리에서 '세르게이 쿠즈네초프 석방위원회'를 조직했다. 위원회는 네 사람의 노벨상 수상자 외에 유진 이오네스코와 마렉 알테르 같은 유명 작가들, 그리고 다수의 저명인사들로 구성되었다. 12월 20일, 음식은 물론이고 식수마저 거부한 채 항의단식에 들어간 세르게이의 투쟁은 이미 며칠이나 지난 상태였다. 세르게이 사건이 중요하다고 판단했는지 프랑스의 신문과 방송에서는 국경 없는 기자회의 창립 이후 처음으로 우리의 활동을 대대적으로 보도했다. 이렇게 세르게이 사건이 언론에 크게 보도되면서 고르바초프가 그때까지 가지고 있던 좋은 이미지에도 흠집이 나기 시작했다. 우여곡절이 있긴 했지만 결국 고르바초프는 항복을 선언하고 세르게이를 석방할 수밖에 없었다.

우리는 활동의 결과로 얻은 성공에 기뻐했다. 하지만 그가 석방된 뒤에 우리는 한 가지 중요한 의문과 맞닥뜨렸다. 과거에 훨씬 더 중요한 사건이 있었음에도 불구하고 사람들의 관심을 끌지 못했는데 왜 이번 사건의 경우에만 언론의 조명을 받았는가 하는 것이었다. 물론 세르게이가 피해자로서 완벽한 조건을 갖추었다는 장점이 있긴 했지만 그가 갑작스럽게 언론의 집중적인 조명을 받을 수 있었던 데는 다른 이유가 있었다. 아주 단순한 이야기지만, 그의 사건은 하나의 스토리로 풀어나갈 수 있을 만큼 충분한 양의 정보가 있었기 때문이다. 언론자유라는 문제가 한 개인의 '비극' 속에서 실체적으로 드러나지 않는다면, 그것은 여론에 아무런 영향도 끼치지 못하는 의미 없는 것이 되어버리고 만다. 그래서 저널리스트들도 큰 이상이나 이

넘 같은 거대 담론을 좇기보다는 설사 작은 것이라 할지라도 이야기를 풀어나가는 것을 더 선호한다. 이 사건을 통해 교훈을 얻은 우리는, 그때 이후로 언론자유에 대한 침해를 고발할 때는 구체적인 인간의 얼굴(개성)을 전면에 내세워야 한다는 것을 중요한 원칙의 하나로 받아들였다.

철창 속의 기자들

1989년 세르게이가 두 번째 체포되었을 때 우리는 그 사건이 완전히 잊혀지지 않도록 하기 위해 각 언론사가 그를 후원할 수 있는 아이디어를 생각해냈다. 신문사와 방송사의 우호적인 태도에도 불구하고 그 효과를 우려한 우리는 이 방법을 당시 언론자유를 위해 싸우다 투옥된 모든 저널리스트들로 범위를 넓혔다. 이 대규모 후원 사업은 1989년 앰네스티 인터내셔널이 언론을 동원해 투옥된 사람을 구출하기 위해 썼던 방법을 모방한 것으로, 1989년 10월 25일부터 시작되었다. 우리는 각 후원자들(신문, 라디오, 텔레비전)에게 상징적인 의미로 투옥된 기자들의 기자증을 발급했다. 그리고 기자증에 그들이 후원해야 할 기자의 사진, 예컨대 세르게이 쿠즈네초프의 사진을 붙였다. 이는 그 기자증을 가진 후원자는 세르게이에 관한 뉴스를 지속적으로 보도해야 하는 임무를 맡은 것을 의미했다. 이 아이디어는 정말 효과가 좋았다. 〈르 몽드〉[1]-의 기사 하나 혹은 저녁 8시 뉴스의 보도 하나가 효과 면에서는 프랑스 대통령에게 보내는 장문의 항의문보다 훨씬 나았다. 게다가 이 같은 언론의 보도는 각 언론(후원자)에 보도 된 (수감되어 있는) 저널리스트가 특정되는 '개별화'의 효과도 있었 다. 예를 들면 가오유는 중국의 검열을, 크리스티나 안냐우는 나이지 리아의 검열을 상징하는 인물이 되었던 것이다.

그들을 돕기 위한 이 같은 보도 지원은 같은 처지에 있으면서도 전혀 도움을 받지 못했던 다른 기자들에게도 큰 도움을 주었다. 언론 을 통한 후원이 시작된 이후 감옥에 갇혀 있던 사람들이 무사히 석방 되는 일이 빈번하게 일어났던 것이다. 솔직하게 말하면, 그들의 석방 이 직접적으로 우리들의 선전 활동과 연관되어 있는지 실제로 확인 하기는 어렵다. 하지만 잘된 경우라면 우리들의 활동이 그들의 석방 을 앞당겼을 것이며, 최악의 경우라 할지라도 투옥된 저널리스트들 이 세상에서 결코 잊혀지지 않도록 했을 뿐 아니라 그들이 희망을 버 리지 않도록 하는 역할을 했다는 것이다.

하지만 후원제도는 한계가 있었다. 우리는 언론이 자신들이 후원 하고 있는 저널리스트를 위해 1년 내내 지속적으로 움직여줄 것으 로 기대했다. 하지만 그들은 이 작전을 위해 할애한 단 하루 외에 투 옥된 저널리스트가 기사를 통해 언론의 후원을 받는 경우는 거의 없 었다. 젊은 층을 대상으로 하는 《오카피》[2]-나 《포스포르》[3]- 같은 잡지와, 프랑스 앙테르의 알랭 르 구객이나 프랑스 앙포[4]-의 다니엘 오아용 같은 극소수의 기자들만이 투옥된 기자의 후원에 적극적으로 참여했다.

물론 나는 투옥된 기자나 해당 국가에 대한 새로운 소식이 없으면 뉴스거리가 될 수 없다는 언론의 생리를 잘 알고 있었다. 예를 들어, 신상 정보와 체포된 사유 정도밖에 알지 못하는 시리아 출신 저널리스트가 있다고 해보자. 그렇다면 그 사건의 불씨를 어떻게 해서 꺼뜨리지 않고 계속 살려나갈 수 있을까. 특별한 일이 있지 않는 한 그 불씨를 살려나가는 일은 쉽지 않다. 불행하게도 우리의 도움을 가장 절실하게 필요로 하는 사람들은 대개 거의 알려지지 않은 사람들이다. 우리는 이 문제에 대한 좋은 해결책을 아직까지 찾지 못하고 있다.

여러 한계에도 불구하고 투옥된 기자들에 대한 후원 활동은 우리 기자회에 대한 여론의 신뢰를 높이는 데 상당한 도움을 주었다. 이렇게 국경 없는 기자회는 서서히 명성을 얻어갔다. 게다가 몽펠리에에 있었기 때문에 파리 동업자들이 가질 법한 질투나 논쟁도 피해갈 수 있었다. 몽펠리에에서 우리는 누구에게든 피해가 될 만한 일을 하지 않았고, 지역 사람들 역시 우리를 꽤나 좋아했다.

거인들의 마당

1990년에 우리가 감행한 '중국으로 가는 배' 작전은 국경 없는 기자회의 명성을 더욱 높이는 계기가 되었다. 1989년 6월에 일어난 천안문 사태[5]- 이후 중국은 마치 납덩이에 짓눌려 있는 것처럼 당국의 억압이 사회 곳곳에 미치고 있었다. 이전과 비교할 수 없을 만큼 더욱 엄격한 정보 검열이 이루어져 기자들은 자신의 직무를 제대로 수행할 수 없는 상황이었다.

1989년 말, 반체제 인사들이 결집한 '중국의 민주주의를 위한 연합'과 잡지 《악뛰엘》[6]-, 그리고 '세계의 의사회'[7]-, 프랑스의 19개 신문사, 국경 없는 기자회는 배를 빌려 해상 라디오 방송국을 만들기로 했다. 일단 배를 중국 해안에 정박시킨 다음, 베이징의 봄을 주도했던 주요 지도자들이 중파로 송출되는 해적 라디오 방송을 통해 24시간 동안 쉬지 않고 프로그램을 진행할 계획이었다. 수십만 유로의 경비가 들 것으로 예상되는 자금의 대부분은 망명 중인 중국인 커뮤니티와, 특히 타이완의 최대 신문사 그룹[8]-의 경영자인 왕부인王夫人에게서 나왔다. 우리가 이 작전에 뛰어든 것은 국경 없는 기자회가 지금까지 해왔던 전통적인 개입의 영역에서 탈피한다는 것을 의미했다. 즉 우리가 그 동안 해왔던 기자들에 대한 단순한 권리수호의 차원이 아니라 보다 공격적인 시도를 감행했기 때문이다. 우리는 검열의 족

쇄에 묶여 있는 중국의 기자들을 대신해 그 역할을 수행하고자 했다. 하지만 결론부터 말한다면, 우리의 행동이 본래의 역할에서 벗어날 때마다 언제나 그랬듯이 이번 작전의 결과 역시 참담한 실패로 마감되었다.

작전을 수행하기 위해서는 먼저 배를 구해야만 했다.《악튀엘》이 과거 북해에서 해양학 조사선으로 썼던 오래된 대형 선박을 찾아냈다. 우리는 이 배에 '민주주의의 여신'이라는 거창한 이름을 붙였다. 극지방의 기후에도 견딜 수 있도록 설계된 배여서 선체가 대단히 두꺼웠다. 만약 이 배가 중국 해안에 정박하게 되면 아마 승무원들은 견디기 힘든 열기로 숨이 막히지나 않을까. 그 다음 문제는 선원이었다. 이 같은 모험에 참가할 준비된 선원을 찾는 일은 그리 간단하지 않았다. 때마침 레 섬[9]과 육지를 연결하는 다리가 막 개통되었다. 우리는 남쪽 바다를 항해할 수 있는 기술 등에 대한 특별한 고려도 없이 레 섬과 육지 사이를 오갔던 해상 연락선의 선원들을 그대로 고용했다.

3월 17일, '민주주의의 여신' 호는 언론의 비상한 관심과 수많은 사람들의 환송을 받으며 라 로셸 항을 떠났다.《악튀엘》의 사장인 장 프랑수아 비조와 함께 이번 작전을 준비하는 과정에서 혼신의 힘을 다한 크리스토프 닉 기자는 부지런히 파리의 유명 인사들을 찾아다녔다. 그래서 가수이자 배우인 이브 몽탕, 철학자 앙드레 글룩스만, 가수 막심 르 포레스티에, 광고인 장 폴 구드 같은 인물들을 항구로 불러낼 수 있었다. 그들은 출항을 축하하는 멋진 연설을 하거나 성명서를 발표함으로써 참석한 사람들과 더불어 성대한 행사를 연출해냈다. 그리고 그들은 부족한 자금을 모으기 위해 톱스타들을 불러 모아서 한 장의 음반을 제작하기도 했다. 그런 스타 중에는 짐시 킹이나 즈니 클레그 같은 유명 가수들도 끼여 있었는데, 그들은 존 레논의 히트곡인 '이매진'을 함께 불렀다. 한마디로 우리는 완전히 쇼 비즈니스의 한복판에 서 있었다.

하지만 그 같은 들뜬 분위기는 곧바로 가라앉았다. 배를 출항시키자마자 중국 정부에서 "그 배를 지원하는 사람들은 누구든 제재를 가할 것"이라며 강력한 반대의사를 밝혔던 것이다. 중국 정부는 '민주주의의 여신'에 승선한 반체제 인사들을 범죄자로 취급했으며, 국제통신연맹 규정에 어긋나는 선박에 대해서는 무력행사도 가능하다고 밝혔다. 우리는 우리가 너무 순진하게 거인들의 마당에 뛰어들었다는 사실을 곧바로 깨달았다. 중국을 향해 나아가는 동안 크고 작은 사건들이 끊이지 않았고, 중국 국적의 화물선들은 우리를 위협할 목적으로 공공연하게 여신의 항로를 가로막았다. 홍콩에서는 중국과의 관계 악화를 우려한 영국 총독이 여신의 입항을 거부하기도 했다. 1990년 5월 13일 간신히 타이완 해역에 들어갔지만 전적인 지원을 약속했던 타이완 정부조차 뒤로 한 발 물러섰다. 그 사이에 바뀐 타이완의 신임 총통은 중국과 보다 긴밀한 경제적·상업적 협력을 기대하고 있었다.[10] 타이완 정부는 여신의 정박조차도 허락하지 않았다.

일주일 동안 여신은 페스트에 걸린 환자처럼 기피 대상이 된 채로 바다 위에 떠 있었다. 게다가 왕부인이 준비한 라디오 송신기도 배에 실을 수 없었다. 중국 주변의 그 어떤 민주주의 국가도 강력한 힘을 가진 이웃의 분노를 사서 위험해지기를 원하지 않았던 것이다.

결국 '중국으로 가는 배' 작전은 완전한 실패로 막을 내렸다. 많은 에너지와 막대한 자금을 쏟아부었지만 중국을 향해 작은 소리조차 발신하지 못했다. 파리에서는 우리의 거사를 조롱하기보다는 오히려 그냥 솔직하게 대놓고 웃어댔다. 그나마 우리에게 우호적인 사람들은 우리를 "몽상가들"이라고 이야기했다. 한 가지 다행스러운 것은, 작전이 실패했음에도 불구하고 프로젝트를 기획한 사람들에 대한 이미지까지 망가지지는 않았다는 사실이다. 하여간 당시 중국 정부와 다른 목소리를 내는 사람들이 큰 지지와 공감을 얻고 있었기 때문에 우리의 거사가 실패로 끝났음에도 불구하고 결과적으로는 많은 사람들에게 격려와 지지를 받을 수 있었다. 그리고 우리와 한 동안 동고동락했던 여신은, 타이완의 수도 타이베이에서 '민주주의 박물관'으로 변신해 언론자유의 살아 있는 교육장이 되었다.

언론, 언론을 비판하다

국경 없는 기자회는 전혀 예기치 않은 방식으로 자신만의 독자적인 리듬을 찾아나갔다. 불행하게도 뉴스들이 끊이지 않은 탓에 조직은 점차 발전해나갔다. 쿠즈네초프 사건이나 중국으로 가는 배 작전이 있었던 1990년, 우리는 언론계를 뒤흔든 두 차례의 심포지엄에서 중요한 역할을 맡았다. 루마니아 티미소아라의 시체더미에 대한 진위 논란과 걸프전 당시에 논란이 된 전시의 취재보도 방식에 대한 문제를 논의하는 심포지엄이었다. 심포지엄을 개최하면서 우리는 각자의 역할을 분담했다.

국경 없는 기자회에 합류하기 위해 앰네스티 인터내셔널을 떠난 상탈 드 카사비앙카와 나는 저널리스트의 권리 옹호에 역점을 두었다. 그래서 나는 우리 "국경 없는 기자회는 언론 분야의 앰네스티 인터내셔널이 되고 싶다"는 이야기를 공개적으로 밝혔다. "언론자유 없는 자유는 없다"는 우리의 슬로건도 검열이 존재하는 한 민주주의는 없다는 것을 의미했다.

로니 브로만과 장 클로드 기보는 프랑스 언론의 현재 상황에 대한 분석을 담당했다. 그들은 언론계 스스로가 자신들이 당연하다고 생각하는 언론자유를 행사하는 방식에 대해 한 번쯤은 심사숙고해보는 시간을 억지로라도 가져야 한다고 생각했다. 기보 덕분에 우리는 언론계의 동업자 중에서 가장 뛰어난 재능을 지닌 사람들을 한자리에 모아서 훌륭한 심포지엄을 열 수 있었다.

첫 번째 심포지엄은 4월 6일, 파리의 메종 드 라 시미[11]-에서 '루마니아: 누가 거짓말 했는가'라는 주제로 열렸다. 1989년 루마니아 혁명 당시 기자들의 취재 도중에 발생한 정보조작 문제를 다루기 위한 것이었다.[12]- 1989년 12월 16일, 서방 언론의 접근이 봉쇄되어 있어 밖으로는 국내 사정이 전혀 알려져 있지 않았던 루마니아에서 봉기가 일어났다. 당시 대통령이었던 차우셰스쿠는 봉기가 일어났다는 명백한 사실을 부인하고, 12월 18일 이란을 공식방문하기 위해 루마니아를 떠났다. 하지만 그가 귀국했을 때 봉기는 혁명으로 바뀌어 있었다. 국가보안국의 가혹한 탄압으로 시위 현장 일대가 피바다를 이루었다거나 헝가리 국경 부근의 티미소아라에서는 5천 명이나 죽었다는 이야기가 소문으로 떠돌았다. 갓난아기를 감싸 안은 채 죽어 있는 여성의 사체를 촬영한 참혹한 영상이 시위대를 통해 유포되기도 했다. 12월 22일에는 차우셰스쿠 지지자들의 시위조차 그의 국외 추방을 요구하는 시위로 바뀌었다. 바로 그날 밤, 독재자는 부인과 함께 도망치다가 체포되었다. 그리고 형식적인 재판 후에 곧바로 처형되었다. 루마니아의 텔레비전 방송국은 차우셰스쿠 부부의 처형을 판결한 재판 과정을 모두 촬영했고, 이 비극적인 영상은 전 세계로 퍼져나갔다.

12월 16일부터 28일까지 혁명이 벌어졌던 15일 동안, 처음에는 접근조차 못하다가 나중에는 온갖 어려움 속에서도 취재를 계속해온 서방 언론들은 유고슬라비아 통신사와 시위대가 장악한 루마니아 텔레비전에서 제공하는 정보를 여과 없이 내보냈다. 그러던 중 시위를 이끌었던 두 사람의 지도자인 이온 일리에스쿠와 페트르 로만의 발언은 대학살설의 신빙성을 더해주었다. 이들은 약 6만 명에 이르는 사망자를 낳은 전투와 기아, 특히 티미소아라에서 기관총으로 처형된 4천 632명의 시체가 산더미처럼 쌓여 있는 것을 확인했다고 밝혔다. 하지만 그로부터 일주일 뒤, 문제의 시체더미는 완전히 거짓이었다는 사실이 밝혀졌다. 기관총으로 처형된 흔적을 찾을 수 없는 단지 몇 구의 시체만이 확인되었을 뿐이었다. 언론이 프로파간다에 말려들어 사실과 정반대되는 중대한 허위 사실을 유포했던 것이다. 이 중차대한 정보 왜곡에 대해 저명한 언론인인 로랑 조프랑은 심포지엄에서 다음과 같이 지적했다. "기자들은 많은 것을 이야기하지만 또한 많은 것을 틀리기도 한다."

티미소아라 스캔들 직후에 실시된 여론조사는 언론에 대한 대중들의 신뢰가 추락했음을 여실히 보여주었다. 그리고 그 이후에도 신뢰도는 전혀 올라가지 않았다. 사실 오늘날의 신문 구독자나 텔레비전 시청자는 기자들이 정치권력이나 자본권력으로부터 독립된 깨끗한 존재라고 전혀 믿지 않고 있다!

심포지엄이 열린 메종 드 라 시미에는 이런 논쟁적인 사안을 언론계 내부에서 해결해보자는 생각으로 찾아온 수많은 기자들로 수용하기가 힘들 만큼 북적댔다. 모든 신문이 시체가 산더미를 이루었다는 사실과 전혀 다른 내용을 기사로 내보내긴 했지만, 그와 같은 잘못이 어떻게 일어났는지 이해하려고 노력했다. 심포지엄에서 대단히 격렬한 토론이 벌어졌다. 루마니아에서 영상을 받아 조금도 주저하지 않고 생중계한 것에 대해 후회하지 않는다고 발언한 기욤 뒤랑에게 동업자들의 야유와 비난이 쏟아졌고, 청중들은 그의 발언을 제지하기 위해 여러 차례 손을 들었다. 이런 종류의 문제 제기는 언론 스스로에 대한 신뢰를 위협할 것이라는 핑계로 그때까지 그 어떤 자기비판도 멀리해왔던 기자들에게는 상당히 충격적인 일로 받아들여졌다. 사실 이번 사건은 언론계에 종사하는 동업자들끼리 직접적인 비난을 퍼붓고, 또 비난을 받는 최초의 사례였다. 하지만 이런 기자를 보호하는 것도 우리에게 주어진 임무였다. 우리가 언론자유를 억압하는 것은 결코 있을 수 없는 일이며, 바로 그것이야말로 우리가 이런 심포지엄을 개최할 자격이 있는 존재라는 사실을 입증해주었다.

루마니아 사건과 관련해 기자들에게는 대단히 좋지 않은 여론조사 결과가 나온 뒤인 1990년 9월, 장 클로드 기보는 "저널리스트는 믿을 수 있는가"라는 주제로 두 번째 심포지엄을 열었다. 그리고 계속해서 극우파와 대치하는 언론 상황에 대한 세미나도 열었다. 당시는 안 생클레르가 자신이 일요일 밤에 진행하는 프로그램인 '7/7'[13]-에 극우파 당수인 장 마리 르팽을 일부러 초대하지 않던 때이기도 했다. 그렇다면 안 생클레르가 하는 것처럼 다른 언론도 그런 태도를 취해야만 할까. 이처럼 프랑스 언론에서 제기하는 모든 문제가 우리의 관심사였다.

신포지엄 당시 저널리스트들을 뜨거운 논쟁 속으로 끌어들인 주제가
또 하나 있었다. 그것은 걸프전 당시의 보도와 취재에 관한 문제였
다. 1990년 8월 2일, 쿠웨이트를 침공한 이라크는 며칠 후인 8일에
공식적으로 병합을 선언했다. 이에 미군은 "사막의 방패"로 명명된
군사작전의 일환으로 사우디아라비아에 군대를 진주시켰다. 이라크
는 다수의 외국인과 내국인을 억류시킨 채 국경을 봉쇄하고, 그 외국
인 중 일부는 전략지역에 인질로, 즉 인간방패로 끌고 가기도 했다.
초기에 언론은 이라크 국내 영상과 음성, 그리고 인터뷰를 따내기 위
해 이라크 당국의 '선의'에 의존했다. 당시 기자들 중에는 이라크 당
국이 내건 조건을 받아들인 사람도 있었고 그렇지 않은 사람도 있었
다. 그렇게 어렵게 취재가 진행되던 중인 1990년 8월 29일, 미국 CBS
의 앵커 댄 래더와 흔히 PPDA로 불리는 프랑스 텔레비전 방송국
TF1[14]-의 간판 앵커인 파트릭 푸아브르 다르보르가 진행한 사담 후
세인과의 인터뷰는 격렬한 논쟁을 불러일으켰다. 인터뷰 영상이 시
종일관 이라크 당국에 의해 통제되었음에도 불구하고 TF1은 그러한
사실을 명확하게 알려주지 않았다는 이유로 큰 비판을 받았다.

엄밀한 의미에서 걸프전은 1991년 1월 17일 미군의 "사막의 폭
풍" 작전으로 시작되었다. 개전 초기부터 다국적군은 거의 모든 정보

를 철저하게 통제했다. 엄격하게 구성된 풀 기자만이 군대를 따라다니며 취재할 수 있는 자격을 얻었다. 그리고 텔레비전 방송국은 이라크군에게 정보를 줄 수 있는 영상(미사일 발사 같은)이나 군의 사기를 떨어뜨릴 수 있는 영상(다국적군 포로 등)은 내보내지 말라는 '권고'를 받았다. 풀 기자단에 끼지 못한 한 기자는 취재를 하다가 해군에 적발되어 억류당하는 일도 있었다. 나중에 〈뉴욕타임스〉[15]는 전쟁 기간 중에 군 당국의 의해 취재를 할 수 없었던 기자가 약 25명에 이를 것이라고 추정했다. 바그다드에서는 상황이 더 열악했다. 이라크 당국이 공정하게 보도한다고 인정한 CNN[16]의 피터 아넷만이 취재를 할 수 있었다. 이런 상황에서 이루어진 걸프전 보도는 실수투성이였을 뿐 아니라 절반쯤은 명백한 거짓말이었다. 거짓 정보를 흘려 교란공작을 펴거나 진실에 반하는 허위 사실을 알려주는 일이 실제로 횡행했다. 2월 24일, 미군의 쿠웨이트 지상 공격이 시작했을 때 검열은 최고조에 달했다. 공식적인 풀 기자단의 상황 분석이나 영상 전송마저 완전히 차단되고 말았던 것이다!

1991년 2월 28일, 다국적군의 격렬한 공습으로 이라크군은 항복하지 않을 수 없었다. 그리고 마침내 전쟁은 끝났다. 전쟁 기간 중 언론은 다국적군이 민간인 희생자를 낳지 않고 표적만을 정확하게 노리는 이른바 "외과적 공격"을 하고 있다고 보도했다. 하지만 3월 17일 미 공군의 지휘관은 미군이 투하한 폭탄 중 70퍼센트만 목표물에 명중했으며, 다국적군이 투하한 폭탄 8만 8천 500톤도 불과 7퍼센트만 표적에 명중했다고 밝혔다.

이런 여러 사실들을 통해 국경 없는 기자회는 다시 기자들을 대상으로 전시 하의 취재 상황에 대해 토론할 필요가 있다고 생각했다. 그래서 우리는 아직 전투가 벌어지고 있던 1991년 2월 13일, 시사지로 명성이 높은 《렉스프레스》[17]와 함께 라 데팡스[18]에서 심포지엄을 개최했다. 이번에는 검열과 정보 왜곡에 대한 문제를 주제로 선택했다. 토론을 시작하면서 장 클로드 기보는 우리가 이 주제를 선택한 이유를 다음과 같이 설명했다.

언론 보도의 전선前線은 다른 전선과 마찬가지로 중요합니다. 그리고 이번 걸프전에서 여론의 중요성이 결정적이었던 것과 마찬가지로 이러한 토론 역시 중요합니다. 민주주의는, 그것을 만든 원칙을 무시하고 전쟁을 할 수 있다는 생각과는 결코 양립할 수 없습니다. 그건 도저히 있을 수 없는 일입니다. 민주주의가 고문이나 테러 같은 수단의 사용을 금지하고 있는 것처럼 정보의 측면에서도 민주주의 원칙에 반하는 검열이나 허위 정보에 의한 교란, 조작 등은 금지되어 있습니다. 하지만 이러한 것들이 어떤 사람들의 눈에는 전략적·군사적 불리함으로 비쳐질지도 모르겠습니다. 하지만 민주주의는 군대가 가진 유일한 논리와는 다른 법칙을 가지고 있습니다. 그러므로 기자들이 자신들의 일을 실천해나가는 도중에 만나는 수많은 어려움에 대해 스스로 성실하게 고민하는 것이 무엇보다 중요하다고 생각합니다.

이번에는 기자들이 정보 왜곡의 피해자 역할을 했기 때문인지 티미소아라 사건 때와는 달리 밝고 활기차 보였다. 그래서인지 각자 자기비판의 관점에서 거침없이 의견을 피력했다. 발언은 대단히 훌륭했다. 하지만 그 뒤에 어떻게 되었는지는……. 프랑스 기자들은 그러한 비판을 소화·흡수해서 다시 자신들의 문제로 파악하는 능력은 갖고 있지 못했다. 이들은 벌써 다음과 같은 시나리오를 써놓고 있었다. "너희는 지금 바보 같은 짓을 하고 있어. 지금 네 스스로를 질타하고 있는 거라고. 그리고 스스로를 질타하고 있는 네 자신을 또 축복하고 있고. 맞아, 그래야 네가 1년 뒤 양심의 가책을 받지 않고 다시 같은 실수를 저지를 수 있을 테니까."

오늘날 저널리스트가 자기 자신을 질타하는 것은 일종의 문학 장르가 되어버렸고, 언론을 비판하는 것만큼 언론을 잘 타는 것은 없다. 이렇게 프랑스 기자들에 '의한' 프랑스인을 '위한' 논쟁에 집착하는 것은 프랑스 이외 다른 세계에 대한 무관심이 커졌다는 것을 의미한다. 내가 보기에 장 클로드 기보의 생각, 즉 프랑스 국내 상황에 대한 토론을 늘리겠다는 전략은 한계를 가지고 있었다. 무언가 결론을 이끌어내지 못하는 토론을 계속하는 것은 심포지엄에 부담만 줄 뿐 아무런 도움도 되지 못할 게 분명했다. 그래서 우리는 프랑스의 '언론인 헌장'[19]이 텔레비전이 존재하지 않던 시기인 1917년에 제정되었다는 사실을 확인하면서 오늘날 기자들이 저지르고 있는 직업윤리 상의 일탈을 개선할 수 있는 방법을 논제로 삼기로 했다. 예를 들면 "새로운 헌장을 만들어야 하는가" 혹은 "독일이나 스위스의 언론심의위원회처럼 언론인들이 직접 조직을 만들어야 하는가" 아니면 "북유럽이나 스페인, 미국처럼 독자와 신문 경영자 사이를 연결하는 옴부즈맨의 지시에 따라 해당 언론기관 차원에서 대답을 내놓아야 하는가" 같은 질문이 주된 논제가 되었다.

우리가 이런 논제를 제시하자 기자노조와 신문사 경영자들은 마치 물어뜯기라도 할 듯이 우리를 향해 달려들었다. 우리는 노동조합이 관할하는 영역에 손을 뻗쳤을 뿐만 아니라 경영자 측의 이윤문제도 건드렸던 것이다. 다시 말하면, 그들이 가장 민감하게 생각하는 밥그릇에 감히 손을 댔던 것이다. 하지만 장 클로드 기보는 조금도 개의치 않고 자신의 생각을 좀더 밀고 나갔다. 하지만 나는 일부 프랑스 언론과 사이가 틀어져 우리의 본래 역할인 기자들의 권익 수호에 지장을 초래할 수 있다는, 다시 말하면 위험을 수반하는 '관할 밖'의 문제라는 생각으로 기보의 주장에 동의하지 않았다. 이쯤에서 멈춰야 했고, 그래서 우리는 더 나아가지 않았다. 내 생각을 겉으로 분명하게 드러내지는 않았지만 언론인 헌장 문제는 이제 접는 게 맞다고 생각했다. 이번 일이 계기가 된 것은 아니지만 로니 브로만과 장 클로드 기보, 그리고 나 사이에는 서로 의도적으로 부딪히지 않으려는 일이 점차 많아지기 시작했다. 게다가 내 입장에서 이번 일은 심포지엄의 횟수를 제한하기 위한 또 하나의 좋은 이유가 되기도 했다.

심포지엄에 모인 기자들은 중국의 오지에 갇혀 있는 동료 기자를 구해야 한다는 의견에는 전원 동의했다. 이제 기자들은 티미소아라나 걸프전에 대해서는 더 이상 이야기를 꺼내지 않았다. 왜냐하면 자신의 동료인 누군가를 향해 손가락질을 하지 않고서는 솔직하게 그 문제에 대해 이야기할 수 없었기 때문이다. 게다가 무엇보다 민감한 자본의 역할에 관한 문제를 그 어떤 언론에서 먼저 이야기를 꺼내고, 토론할 수 있을까.

결국 나는 우리가 하는 두 가지 활동을 동시에 진행하는 것은 어렵겠다는 결론을 내렸다. 즉 심포지엄을 통해 저널리스트라는 직업에 대해 고민하는 것은 필연적으로 논란을 불러일으키지만, 이 세상에서 활동하는 기자를 지키기 위한 우리들의 또 다른 활동은 무엇보다 언론계의 전폭적인 지지가 필요하다고 판단했던 것이다. 말하자면, 유력한 언론그룹의 소유집중 문제에 관한 토론회를 개최하면서 그 당사자인 아바스[20]나 아셰트[21]에게 후원자로서 돈을 달라고 할 수는 노릇이었다. 장 클로드 기보는 내 의견에 동의하지 않았지만, 모든 일이 비교적 순조롭게 진행되었던 지난날에 대한 기억에 기대 그 정도쯤에서 토론을 멈췄다. 아직은 함께 넘기 힘든 장애물이 완전하게 모습을 드러내지 않았던 것이다.

기자회의 가시적인 성공은 오랫동안 망설였던 언론이 결국 우리를 믿어준 것과 직접적인 관련이 있었다. 그러한 성공에는 우리가 보여준 성실함이 한몫을 했지만, 그와 동시에 우리가 언론과 함께 일할 수 있는 조직이라는 믿음을 준 것도 컸다. 그때 이후로 나는 기자로서의 활동 반경을 조금씩 줄여나가는 대신 대의를 가지고 있는 조직의 대변인이자 홍보맨으로 활동했다.

세계 언론자유의 날

국경 없는 기자회는 신문 지면에서 조직을 무료로 홍보할 수 있는 세 개 면을 확보하고 있었다. 사실을 취재·보도하는 국제면과 미디어 면, 그리고 상업면 세 개였다. 신문은 우리에게 돈을 주기보다는 기사를 실을 수 있는 지면 제공을 더 선호했고, 이를 통해 우리는 기자회의 인지도를 높이는 데 활용했다. 사실 그들은 우리에게 매우 관대했다. 우리 일의 가장 큰 어려움 중의 하나는, 드라마틱한 뉴스에 비해 그다지 중요해 보이지 않는 사실을 일상적으로 고발해나가야 한다는 것이다. 특히 그중에서 우리는 언론기관에 대한 검열과 기자에게 행사되는 폭력을 지속적으로 비판하고 규탄했다. 사실 기자가 살해되는 충격적인 뉴스가 매일 발생하지는 않기 때문이다. 게다가 기자들이 살해당한다는 것은, 그 사회 일반에 살인이 만연해 있다는 것을 반영한다. 다시 말하면, 기자 살해는 큰 사건의 곁가지에 불과하다는 것이다. 예를 들면, 1993년 이후 알제리에서는 60명의 기자들이 살해당했다. 놀랄 만한 숫자지만 내전으로 인해 수십만 명의 피해자가 발생한 것과 비교하면 아무 일도 아니라고 할 수 있다. 마찬가지로 누구에게도 자유가 허용되지 않은 중국에서 12명의 기자들이 수감되어 있는 것 역시 아무것도 아닌 것이다.

어쨌든 우리는 뭔가 사회적 관심을 끌 만한 일을 계속 만들어내야만 했다. 이런 관점에서 우리는 1991년 4월 20일 '세계 언론자유의 날' 행사를 개최했다. 물론 우리 스스로를 만족시키기 위한 행사는 결코 아니었다. 하루를 정해 우리가 지키고자 하는 것들이 얼마나 어려운지 이야기할 수 있는 또 한 번의 기회를 갖고자 했던 것이다. 그런데 불행하게도 4월 20일은 히틀러가 태어난 날이었다. 뒤늦게 이 사실을 알고 얼마나 당황했던지……. 그래서 우리는 유네스코의 제안을 받아들여 1992년부터는 5월 3일을 세계 언론자유의 날로 기념하게 되었다. 이날은 유네스코 집행위원회의 승인, 즉 가맹국의 승인을 얻어 '언론자유를 위한 선언'이 이루어진 이른바 '빈트후크 선언'[22]이 있었던 날이다. 그때 이후 매년 이날은 전 세계에서 언론자유를 기념하는 날이 되었다.

하여간 우리는 4월 20일에 맞춰 첫 번째 기획 캠페인을 하기로 하고 몇 가지 아이디어를 냈다. 우선 광고회사를 통해 영화 스타들에게 감옥에 있는 기자들을 위해 성명서를 발표해달라고 부탁했다. 이렇게 해서 스타들의 호소력 있는 메시지가 담긴 광고가 제작되었고, 이 광고들은 영화관과 텔레비전을 통해 널리 알려졌다.

세계 언론자유의 날을 위한 광고를 제작했을 뿐 아니라 코디네이

터의 역할까지 한 이브 조맹 기자의 노력 덕분에 우리는 《언론자유에 관한 연례보고서》와 기자회가 출판한 사진집의 존재도 널리 홍보할 수 있었다. 이 사진집은 해를 거듭하며 국경 없는 기자회의 주요 재원 중 하나가 되었다.

그러던 중 기자회 이사회 내부에서는 우리 활동에 대한 비판의 목소리가 점차 높아졌다. 내가 기자회를 '홍보기관'으로 변질시켰다는 것이 비판의 주된 요지였다. 그러나 나는 우리가 지켜내고자 하는 것들이 화제가 되지 않으면 결국 아무런 쓸모가 없다는 것을 끊임없이 설명하면서 내 입장을 굽히지 않았다. 어쨌든 세계 언론자유의 날은 누구도 부인할 수 없을 만큼 성공을 거두었다. 매년 5월 3일, 세계 곳곳에서 이날을 기념했다. 그리고 매년 이날을 기해 기자들이 풀려나거나 언론 규제가 완화되기도 했다. 이와 관련, 내가 자랑스럽게 생각하는 것은 우리 국경 없는 기자회가 언론자유를 보편적 인권의 하나로서 인정받도록 하는 데 크게 공헌했다는 사실이다.

잘못된 발걸음

4

폭탄이 쏟아지는 편집국

1991년 봄 유고슬라비아가 대단히 신속하고 극적으로 해체[1]-되었을 때 서유럽 국가들은 경악을 금치 못했다. 프랑스와 무척이나 비슷한, 즉 관광지로 명성이 높을 뿐 아니라 다채로운 역사를 가진 나라에서 그때까지 잠재해 있던 민족 간의 증오가 분출되어 한순간에 폭발해 버렸던 것이다.

민족 간의 대립을 해당 지역의 언론이 어떻게 보도하고 있는지 살펴보기 위해 국경 없는 기자회는 1991년 6월 25일 크로아티아와 슬로베니아의 독립선언[2]- 이후 여러 지역의 신문과 잡지들을 상세하게 분석했다. 그중에서는 우리는 1992년 4월 이후 세르비아가 포위하고 있던 보스니아의 수도에서 자신이 일하는 신문사가 겪고 있는 어려움을 호소한 한 기자의 칼럼을 주목했다. 그 글을 쓴 사람은 사라예보의 일간지 〈오슬로보덴제〉[3]-의 편집장인 즐라코 디즈다레빅이었다. 그의 칼럼은 솔직할 뿐 아니라 상당히 설득력이 있었다.

그를 만나러 찾아간 현장에서 나는 우리의 싸움이 어디를 지향해야 하는가를 상징적으로 보여주는 현실을 생생하게 목격했다. 세르비아군의 폭탄이 신문사 편집국 건물 위로 마구 쏟아지는 데도 불구하고 세르비아인, 크로아티아인, 보스니아인, 유태인, 기독교인, 이슬람교인 등 여러 인종으로 구성된 기자들이 건물 지하에 피신해 함께 일하고 있었다. 그들은 거기에서 글을 쓰고, 먹고, 잠을 잤다. 그런 그들을 보면서 나는 아무런 설명이 없어도 왜 언론자유가 중요한지, 왜 그들이 조국의 현실을 증언하지 않을 수 없는지 곧바로 이해할 수 있었다.

우리는 그들을 돕기로 했다. 그들이 필요한 것은 매일 〈오슬로보덴제〉를 발행할 수 있는 신문용지나 잉크 같은 가장 기본적인 물품들이었다. 또 저격수들을 피해가면서 거리를 활보하고, 신문을 배달할 수 있는 방탄조끼도 필요했다. 2년 동안 우리는 그들의 보급을 담당했다. 주로 트럭을 이용했지만 가끔은 비행기를 통해 필요한 물건들을 보냈다. 그리고 기자들이나 구호단체를 통해 신문용지만이 아니라 담배와 커피, 사진 기자재, 식량, 라디오 송신기, 무전기, 심지어는 방탄 트럭까지도 보냈다. 당연히 막대한 비용이 들었다. 어떻게 하면 돈을 내도록 유럽 국가들을 설득할 수 있을까. 역시 언론을 통해 유고슬라비아의 현실을 보도하는 것이 가장 좋은 방법이었다.

기자들이 〈오슬로보덴제〉에 대해 쓸 마음을 갖게 하려면 그 콘크리트 참호 같은 지하 편집국을 처음 방문했을 때 내가 느꼈던 것을 다른 기자들도 체험하게 해야 한다고 확신했다. 그래서 우리는 전 세계 특파원들을 사라예보로 불러 모았다. 〈르 몽드〉의 브루노 프라파, 《누벨 옵세르바퇴르》[4]-의 로랑 조프랑, 〈비엥 퍼블릭〉[5]-의 루이 드 브루와시아, 〈르 피가로〉[6]-의 마리 기 바론, 카메룬 주간지 《메신저》[7]-의 피우 나웨, 그리고 이스라엘 일간지 〈하레츠〉[8]-의 기돈 로위 등의 기자들이 〈오슬로보덴제〉의 편집국을 방문했다. 모두들 마음속 깊이 감동했고 감탄했다. 그리고 그들은 기사를 썼다. 취재하기 어려운 상황이었지만 100명이 넘는 전 세계의 기자들이 보스니아 일간지의 지하 편집국에 차례로 모습들 드러냈다.

〈오슬로보덴제〉가 세계적으로 유명해진 것은 사라예보 포위 1년이 지난 1993년 4월 5일이었다. 이날을 사람들에게 알리기 위해 국경없는 기자회는 국제 언론 캠페인을 조직했다. 우리 조사원 중 한 사람인 에르베 드긴은 광고회사 월드 미디어의 지원 하에 〈리베라시옹〉을 비롯해 〈엘 파이스〉[9]- 〈라 리퍼블리카〉[10]- 〈쥐드도이치 차이퉁〉[11]- 〈인디펜던트〉[12]- 〈요미우리〉[13]- 〈타임스 오브 인디아〉[14]- 등 세계적인 명성을 자랑하는 40여 개 신문 지면에 〈오슬로보덴제〉를 동시에 게재하겠다는 계획을 세웠고, 그것을 실행에 옮겼다. 이렇게 해서 군인들에게 포위된 사라예보에서 매일 300부를 찍던 〈오슬로보덴제〉는, 그 신문의 대의를 지지한 많은 세계적인 신문에 간지 형태로 무려 2천만 부를 발행할 수 있었다! 〈오슬로보덴제〉가 창립 50주년을 맞은 9월에도 우리는 같은 행사를 벌였다. 이번에는 전 세계 80개 이상의 일간지들이 참여했고, 각 언론사의 대표단이 사라예보를 방문했다. 몇 차례의 항의 행사는 대중들의 커다란 지지와 찬사를 받았다. 나는 '세기의 발걸음'[15]이라는 텔레비전 프로그램에 초대되어 2천 500프랑만 있으면 〈오슬로보덴제〉를 하루 더 발행할 수 있다는 사실을 알리며 시청자들에게 모금운동에 동참해달라고 호소했다. 그렇게 방송이 나가고 사흘이 지나자 무려 4천 매에 이르는 수표가 국경 없는 기자회로 날아들었다. 이렇게 자금을 모든 뒤에는 편집장인 즐라코가 나섰다. 그의 왕성한 에너지와 뛰어난 언변, 그리고 비범한 능력이 나머지 일들을 책임졌다. 즐라코는 자신의 생각을 영어나 프랑스어로 표현하는 것만큼이나 언론자유를 위한 투쟁을 훌륭하게 구현했다. 다시 말해 그는 텔레비전에서 촬영하고 인터뷰할 만한 인물이었던 것이다. 서방 쪽의 여론을 설득하기 위해서는 매우 뛰어난 장점이었다. 나중에 동료들과 함께 제1회 국경 없는 기자회 프랑스 재단상을 수상한 즐라코는 불가능한 것을 이뤄낸 멋진 인물이었다.

황폐한 도시의 거리에서 〈오슬로보덴제〉는 전시 하에서도 매일 아침 벽보 형태로 발행되었다. 이 신문은 신문용지가 아닌 인쇄용 크라프트지 같은 종이에 찍은 것이었다. 몇 달 동안 사라예보에서는 빵

가게와 신문사만이 쉬지 않고 일을 했으며, 그들은 명실상부한 저항의 상징이었다. 그 수많은 노력들이 무위로 돌아가지 않았다는 사실은 우리 기자회에도 큰 기쁨을 안겨주었다. 게다가 자금 마련을 위해 이 눈물겨운 이야기를 언론에 전한 우리의 활동은 기자회의 명성과 인지도를 더욱 높여주었다. 〈오슬로보덴제〉 덕분에 사람들은 언론자유를 지원하는 방법이 단지 고발이나 발언만 있는 것이 아니라 '행동'도 있다는 사실을 이해하게 되었다.

진로를 둘러싼 갈등

〈오슬로보덴제〉에 대한 지원은 기자회의 성가를 높여주었지만, 로니 브로만과 장 클로드 기보, 그리고 나 사이의 균열을 더욱 크게 만드는 원인이 되기도 했다. 사라예보를 처음 방문할 때 나와 동행했던 두 사람은 내가 현장에서 체험했던 열정이나 의욕에 대해 전혀 공감하지 못했다. 사실 나로서는 큰 충격이 아닐 수 없었다. 그리고 그들의 생각이지만 내가 사소한 문제에 나서는 것도 지극히 못마땅했던 듯하다. 그들은 〈오슬로보덴제〉보다 좀더 열악한 신문사를 도와야 하며, 즐라코와 그의 동료들을 스타로 만드는 것은 그다지 좋은 일이라고 아니라고 주장했다. 그리고 그들은 〈오슬로보덴제〉는 서방 언론들이 묘사한 비극적인 피해자상과는 다소 거리가 있으며, 그 신문의 실체도 내가 생각하는 것과 차이가 있다고 말했다. 그때는 그들의 견해에 상당히 화가 났지만 기본적으로는 맞는 말이었다. 1993년 언론 보도 등을 통해 널리 알려진 〈오슬로보덴제〉가 유럽 사회의 지원을 받게 되면서 그해 연말부터 우리는 활동 방향을 수정하게 되었다. 즉 그 동안 대중들의 관심을 받지 못한 소규모 언론사, 예컨대 〈사라예보〉와 〈튀즐라〉 〈슬레브레니카〉 같은 열 개 정도의 신문사와, 특히 '스튜디오99' [16] 같은 민간 라디오를 지원하는 쪽으로 활동 방향을 변경했던 것이다.

우리는 또한 언론인의 가족이나 중상을 입은 기자들을 돕는 등 심각하고 위중한 개별적인 사례를 다루는 데도 많은 힘을 쏟았다. 이런 활동은 결코 밖으로 드러나지 않았지만 적지 않은 돈과 많은 손길을 필요로 했다. 사실 우리 활동의 80퍼센트 정도는 이처럼 무수히 작은 개별적인 지원 활동이다. 가장 미디어적인 우리의 작전, 즉 사람들의 이목을 끄는 활동은 좋든 싫든 누군가로부터 비판을 받기도 한다. 하지만 우리는 언론에 보도된 활동을 통해 대중의 주목을 끌지는 못하지만 반드시 해야 할 일에 들어가는 자금은 마련할 수 있었다. 나는 우리가 비판 때문에 이런 사실을 결코 잊어서는 안 된다고 생각한다.

나는 장 클로드 기보와 로니 브로만이 〈오슬로보덴제〉 건에 대해 보여준 태도는 시의적절하지 않았다고 생각했다. 당시에 필요했던 것은, 설사 사물을 지나치게 단순화시켜 사건의 본질을 볼 수 없게 만들지 모른다는 두려움이 있다 하더라도 일반 대중들이 쉽게 받아들일 수 있도록 해야 하는 것이었다. 하지만 두 사람의 생각은 달랐다. 그들은 사물을 단순화하면 정확하게 사안의 본질을 전달할 수 없다고 판단했다. 파리에 돌아와서 우리는 그 사건을 다시는 입에 올리지 않았다.

1993년 2월 9일, 극적인 사건이 일어났다. 장 클로드 기보가 국경 없는 기자회의 이사장직을 사임한 것이다. 이사회에 참석한 그는 시간적 제약을 이유로 내세우며 미리 준비한 사임서를 읽어 내려갔다. 그가 읽은 사임서는 내게 먼저 보냈던 것이었다. 그는 내가 국경 없는 기자회에 대한 충분한 고민 없이 과격한 행동주의에 빠져들었다고 비판했다. 또 그는 내가 독단적으로 의사 결정을 했으며, 그래서 자신의 의견을 도저히 관철시킬 수 없었다고 탄식했다. 간단히 말해 그는 나와의 사이에서 지난 몇 달 전부터 쌓여왔던, 서로가 의도적으로 회피해왔던 문제와 오해에 대해 언급했던 것이다. 그는 또 자신은 언론계의 윤리 문제와 그에 대한 토론회의 중요성을 거듭 강조했지만, 나는 인권 문제에만 집착했다고 언급했다. 그의 주장에 어떻게 대답해야 할까. 그는 국경 없는 기자회를 프랑스 언론에 대한 감시와 비평을 위한 조직으로 만들고 싶어했던 반면, 나는 언론자유가 위협받는 곳에서 그것을 지켜내는 조직으로 만들고 싶어했던 것이다.

당시에 내가 국경 없는 기자회가 지향해야 할 방향성을 강제한 것도 부인할 수 없는 사실이다. 심포지엄을 통한 감시·비평과 언론인 수호라는 책무 사이의 커다란 간극을 계속 내버려둘 수는 없다고 판단했던 것이다. 언론인 수호를 제대로 하기 위해서는 동업자들, 즉 프랑스 언론이 필요했다. 그들을 적으로 만들 필요는 없었다. 하지만 내 생각과 달리 장 클로드 기보는 효율성이라는 미명 하에 우리 중 누군가가 저지른 실수를 묵인해서는 안 된다고 생각했다. 예컨대 그의 관점에서 보면, TF1의 앵커인 PPDA가 피델 카스트로 관련 영상을 단독 인터뷰인 것처럼 편집해서 뉴스로 방영한 문제[17]-에 대해 국경 없는 기자회가 공식적인 성명을 통해 비판하지 않고 침묵한 것보다는 오히려 PPDA가 진행하는 TF1 저녁 8시 뉴스에 앞으로 우리가 출연하지 않는 쪽이 더 나았다는 것이다. 그에 따르면, PPDA를 비판하지 않은 것은 우리 자신의 평판을 떨어뜨리는 행위였다는 것이다. 그것을 따지는 것은 분명 미묘한 문제였지만 나는 그의 태도에는 찬성할 수 없었다. 기보는 내가 비굴하게 타협했다고 비판했지만 그런 타협이 없었더라면 국경 없는 기자회는 지금과 같은 성공에 이르지 못했을 것이다.

국경 없는 기자회는 심각한 내부 위기를 맞았고, 이사회 역시 그런 분위기가 팽배했다. 지금까지 친구들 간의 편안한 모임과 같았던 분위기가 이제는 견디기 힘든 만남이 된 것이 두려웠다. 이사회는 친기보파와 친메나르파로 양분되었다. 기보가 떠나고 난 뒤, 또 다른 불평불만, 특히 조직운영 방식을 둘러싼 불평과 내가 그 속에서 독주를 하고 있다는 불만이 분출되었다. 조직 내의 질서를 바로잡기 위해 우리는 이사장과 사무총장, 그리고 이사회의 권한을 분명하게 하기 위한 회의를 열었다. 문제는 간단했다. 누가 권력을 장악하느냐는 것이었다. 사실 기보와 나 사이의 대립과 충돌도 따지고 보면 권력을 둘러싼 싸움에 다름 아니었다. 거의 대부분의 조직에서 통상 사무총장은 이사회가 결정한 가사에 이사장이 요구하는 곡에 따라 춤을 추는 역할을 하는 샐러리맨에 불과한 존재이다. 국경 없는 기자회에서는 내가 조직을 결성했다는 이유 때문에 상황이 조금 달랐다. 권력을 가진 사람이 이사장이 아니라 사무총장이었던 것이다. 게다가 우리의 조직운영이 본질적으로 예측 불가능한 상태에서 하루하루 진행되는 것이기 때문에 사후 관리가 불가능하다는 점도 작용했다.

그 밖의 비판에 대해서는 어떻게 대답해야 할까. 내가 다소 전제적이고, 내 성격이 조직 생활에서 민주주의를 수행하는 데 그다지 용이하지 않다는 것도 충분히 인정한다. 굳이 변명을 하자면, 그건 이쪽 분야에서 가장 활발한 단체를 만들기 위한 과정에서 지난 15년 동안 당연히 치러야 하는 대가였다. 어쨌든 1993년 첫 석달 동안 치열한 논쟁이 계속되었다. 3월에는 이사회에서 내 문제를 놓고 토론을 벌이다 자리를 박차고 나온 일도 있었다. 4월 7일, 결국 주간지 《텔레라마》[18]의 니콜 뒤 루와 기자가 장 클로드 기보의 뒤를 이어 국경 없는 기자회의 이사장에 취임했다. 기보는 여전히 친구로 남았지만 나로 인해 비롯된 이 위기를 극복하는 데는 상당한 고통이 뒤따랐다. 하지만 나는 그 문제에 더 이상 매달리지 않았다.

1993년 내내 우리는 사라예보를 계속 지원했다. 우리는 여러 언론의 지원 속에 〈오슬로보덴제〉 발행 50주년을 기념하는 대규모 항의 캠페인을 조직했다. 그리고 프낙 서점[19]-과 민간 라디오 협회가 연대해서 라디오 수신기를 수거하는 캠페인을 대대적으로 벌이기도 했다. 우리 목표는 난민들과 포위된 사라예보 시민들에게 수거된 라디오 수신기를 나눠줌으로써 그들이 자유로운 정보를 접할 수 있게 하자는 것이었다. 회수 작전은 성공적이었다. 우리는 말 그대로 사람들이 보내온 라디오 수신기에 깔릴 지경이었으며, 실질적인 수송 문제도 어렵지 않게 해결할 수 있었다. 하지만 불행하게도 라디오 수신기들은 포위된 도시의 시민들에게 전달되지 못했다. 도시를 포위한 세르비아인들의 세금 지불 요구를 우리가 거절했기 때문이었다. 그래서 결국 라디오는 크로아티아에 있는 보스니아 난민수용소에 전달되었다.

국제적인 조직으로 발돋움하다

1993년에 많은 일들이 일어났지만 개인적으로는 적극적인 행동주의가 승리를 거둔 한 해였다. 우리가 구 유고슬라비아에서 벌였던 일들이 실질적인 효과가 있었다고 판단한 나는 내 자신의 투쟁이 정당성을 인정받았다고 생각했다. 우리는 언론의 찬사를 받았고, 많은 사람들에게 인정을 받았다. 그래서 그때는 우리 자신과, 우리들이 하는 일에 대해 일말의 회의나 의구심도 갖지 않았다. 1993년 말, 이사회는 우리의 운동방침이 언론자유를 포함하는 '인권'과 그것을 위한 '현장 활동'이라고 공식적으로 선언했다. 기보가 주장하던 프랑스 언론의 윤리 문제는 일단 옆으로 제쳐두기로 했다. 나는 내가 옳았다고 생각하면서 앞으로 기자회를 어떻게 발전시켜야 할 것인가를 고민했다.

기존의 언론을 대체할 수 있는 새로운 언론, 즉 대안언론이 되겠다는 생각을 버린 이후에는 국경 없는 기자회가 국제적인 조직으로 발전하는 것이 급선무라고 생각했다. 나는 언론자유 침해에 대한 고발이 프랑스 밖의 다른 나라에서도 울려 퍼질 수 있는 세계적인 조직을 만들고 싶었다. 뭔가 사건이 일어났을 때, 예를 들어 시리아 출신 기자가 언론 본연의 역할을 하다가 감옥에 갇히는 사건이 일어날 경우, 그 사건의 전말을 알리고 공론화시키는 중계지 같은 역할을 누군가는, 즉 우리가 해야 한다는 것이다.

1989년 8월 3일, 우리는 앰네스티 인터내셔널 조직을 모방해 스페인에 첫 번째 지부를 설립했다. 계속해서 벨기에와 독일, 스위스, 이탈리아에 지부를 설립했다. 하지만 적극적으로 활동하는 지부가 있는가 하면, 천천히 움직이는 지부도 있었고, 어떤 지부는 아예 그 존재조차 알려지지 않은 곳도 있었다. 아프리카 지부는 카메룬을 거점으로 하는 반체제 주간지《메신저》의 편집장 피우 나웨가 맡아서 운영했지만 우리가 생각한 만큼 제대로 활동하기가 어려웠다. 최소한의 자유조차 존재하지 않는 나라에 지부를 둔다는 것은 별다른 의미가 없는 일이었다. 알제리에서도 같은 실패를 겪었다. 그 밖의 다른 곳에서는 깜짝 놀랄 만한 일이 벌어지기도 했다. 예를 들면 방글라데시의 경우에는 자발적으로 지부가 결성되었는데, 그 제안자는 자신이 만든 회원카드를 가지면 프랑스 비자를 얻을 수 있다며 그것을 팔아먹기도 했다!

정치적 상황이나 해외지부를 이끄는 사람들의 성격과는 무관하게 자원봉사를 중심으로 시간과 에너지를 요구하는 지부를 꾸려나가는 것은 쉽지 않은 일이었다. 그래서 국경 없는 기자회의 국제적인 네트워크는 조직의 재원이 늘어나기 시작한 1991년부터 큰 진전을 이루었다. 그 해에 EC위원회(당시는 유럽연합EU 출범 전이다)는 우리가 제안한 몇 가지 계획에 출자를 하는 형식으로 귀중한 보조금을 보내주었다. 그래서 기자회는 여덟 명의 상근 직원을 고용할 수 있었고, 총 300만 프랑의 예산을 운영했다. 그리고 '국경 없는 기자회 인터내셔널' 사무국 본부는 몽펠리에의 프랑스 사무국 내에 설치했다.

해외지부의 자체적인 활동에는 상당한 제약이 있었다. 우리가 우선적으로 생각한 해외지부의 업무는 본부에서 전달하는 정보를 자국 내에 배포하는 것이었다. 기자회의 목소리가 여럿이 아니라 하나의 목소리, 즉 통일된 견해로 뉴스를 내보낼 필요가 있다고 생각했기 때문이다. 그리고 나는 해외지부가 자국의 현안에 대해 언급하는 것을 원치 않았다. 거기에는 분명한 이유가 있었다. 스페인의 예가 적절할 것 같다. 만약 스페인 지부가 바스크 문제[20]를 건드린다면 틀림없이 미묘한 표현의 문제가 생길 뿐 아니라 때로는 여러 제약도 뒤따를 가능성이 높다. 하지만 우리가 작성하는 보고서에서 미묘한 표현의 차이가 드러나서는 곤란하다. 보고서는 별다른 수식 없이 직접적이고 명확해야만 하는 것이다. 그게 우리가 보고서를 작성할 때 가져야 할 원칙이다. 너무 많은 것들을 생각하면 아무것도 못 쓰게 되고, 아무도 비판할 수 없게 된다. 만약 그런 것의 결과로 국경 없는 기자회가 설사 민주집중제를 강제하는 최후의 성채가 된다 할지라도 그건 어쩔 수 없는 일인 것이다.

파리 입성

해가 갈수록 국경 없는 기자회의 사회적인 인지도는 높아졌다. 우리가 매년 발행하는 연례보고서는 기자회의 상징적인 존재가 되었고, 5월 3일 세계 언론자유의 날 행사도 그 규모가 점차 커져갔다. 우리가 배포하는 정보들도 언론에 인용되는 빈도가 높아졌다. 1994년에는 우리 예산이 무려 800만 프랑으로 급증하기도 했다. 고민 끝에 우리는 본거지를 몽펠리에에서 파리로 옮기기로 했다. 하긴 이미 나는 대부분의 시간을 파리에서 보내고 있었다.

1994년 7월 우리가 파리로의 이사를 결정하자 설립 초기부터 우리를 재정적으로 지원했던 몽펠리에의 지방자치 단체들은 그다지 달가워하지 않았다. 하지만 지방을 기반으로 하기에는 이미 우리 조직이 너무나 커져 있었다. 특히 언론이나 인권 분야에서 더욱 적극적으로 활동하기에는 지방이 갖는 어쩔 수 없는 한계가 존재했다. 프랑스 정치권력의 중추이자 각국 대사관과 주요 일간지의 본사가 있으며, 프랑스에 단기 체류하는 외국인의 모습도 모두 파리에서만 볼 수 있었다. 우리에게는 다른 선택의 여지가 없었다.

우리는 파리 9구 조프르와 마리 거리에 위치한 건물 6층에 사무실을 마련했다. 기자회의 짧은 역사에서 처음으로 역할과 임무에 걸맞은 인프라를 구축할 수 있었다. 우리는 이 기회에 팀을 완전히 새롭게 조직했다. 지역별로 업무를 나누고, 각 지역은 해당 지역의 언어를 능숙하게 구사할 수 있는 경험 있는 연구자와 조사원이 맡았다. 양심적 병역거부자들[21]의 힘도 빌렸다. 그들은 자신들에게 주어진 일에 최선을 다했으며, 기대 이상으로 멋지게 업무를 수행했다. 그리고 그들에게 부과된 의무 기간이 종료되면 그들 중 일부를 고용해서 저널리스트 혹은 활동가로 경험을 쌓게 했다. 연구부서와 활동부서 이외에도 사무나 회계를 담당하는 보조부서들도 있었다. 이들 모두가 국경 없는 기자회의 전문화에 많은 기여를 했다. 몽펠리에의 오래된 교원양성학교에 자리를 잡았던 시절은 이제는 먼 옛날이야기가 되어버렸다.

1994년 내내 국경 없는 기자회는 장 클로드 기보가 떠난 이후 내부적으로 남아 있던 불편함을 잊게 할 많은 현안들로 정신이 없었다. 나중에 다시 이야기하겠지만, 알제리와 르완다에서 일어난 비극적인 사건은 우리를 정신 차리기 힘들 만큼 분주하게 만들었다. 언론의 큰 주목을 받지는 못했지만 방글라데시의 여성작가 탈리스마 나스린 사건도 있었다.

선정성의 대가

1994년 3월, 탈리스마 나스린이라는 이름의 작가이자 기자인 이 젊은 방글라데시 여성은, 자신이 쓴 책[22]의 내용이 신을 모독했다는 이유로 이슬람 근본주의자들로부터 파트와(사형선고)를 선고받았다. 사실 이 사건이 일어나기 전부터 국경 없는 기자회는 이미 그녀의 존재를 알고 있었다. 그녀가 신문에 쓴 기사로 인해 당국과 긴장관계에 놓여 있었다는 사실을 사전에 알고 있었기 때문이다. 그래서 우리는 책을 펴낸 출판사와 상의해 그녀를 프랑스로 초청했고, 방문 사실을 언론에 알리기로 했다. 프랑스의 언론이 그녀를 취재 대상으로 삼는 것은 그다지 어려운 일이 아니었다. 베르나르 피보도 자신의 프로그램[23]-에 그녀를 초대하기로 했다. 하지만 생각지도 못했던 문제가 생겼다. 당시 샤를 파스쿠아가 장관으로 있던 프랑스 내무부가 그녀에게 비자를 발급해주지 않았던 것이다. 그녀의 안전을 보장할 수 없다는 이유였다. 이 같은 내무부의 믿기 힘든 결정은 오히려 프랑스 지식인을 비롯한 많은 사람들을 투쟁의 전선에 가담하게 만들었다. 가장 먼저 나선 것은 여성지 쪽이었다. 여성지들은 탈리스마 나스린을 자유를 찾아나선 학대당하는 이슬람 여성의 상징으로 소개했고, 나중에는 광적인 보도 경쟁으로까지 치달았다.

예기치 못한 많은 일들이 일어난 뒤인 11월에 나스린은 마침내 프랑스 비자를 손에 쥘 수 있었다. 그런데 비자 발급에는 몇 가지 조건이 붙어 있었다. 사이렌과 에스코트, 그리고 그녀의 안전을 위해 1천 200명에 이르는 경찰의 엄중한 호위 하에서만 이동할 수 있다는 것이었다. 사건이 생각 외에 커졌다고 생각했지만, 도를 지나친 대응방식이 나온 데에는 기자회의 책임도 컸다. 생명의 위협을 받는 여성작가를 언론에서 다루도록 만든 게 바로 우리였기 때문이다. 게다가 진실은 온데간데없이 사라지고 이미지만 남았다는 느낌이 들었다.

이 사건의 여파는 방글라데시 정부에까지 미쳤다. 방글라데시 정부는 이슬람 근본주의자들이 파트와를 선고한 것과 아무런 관련이 없음에도 불구하고 분노한 대중들의 비난을 감수해야 했다. 경험이 부족했던 탓에 우리는 방글라데시 정부에 대한 다소 과장된 정보를 제공함으로써 결과적으로 자국 정부에 대해 급진적인 반체제 성향을 지닌 우리의 "희생자" 나스린과 한통속이 되어버렸던 것이다. 방글라데시는 독재와 탄압으로 얼룩진 버마와는 아무런 관련이 없는 나라였다. 하지만 사람들의 인식은 그다지 정확하지 않았다. 흥분한 프랑스인들은 나스린을 포악한 독재정치의 공포에서 도망쳐 나온 여성으로 받아들였다.

우리의 명백한 실수였지만 표현의 자유를 위해 투쟁하는, 그리고 그 상징이 되어버린 이 여성작가에게 시비를 걸 수 있는 사람은 아무도 없었다. 하지만 장 에데른 알리에가 〈르 피가로〉에 기사를 쓰면서 처음으로 금기에 도전했다. 그의 기사는 상당히 논리적이었다. 그는 기사를 통해 나스린이 심각한 파트와를 당한 것은 아니며, 또 작가로서도 그리 대단하지 않은 인물이라고 지적했다. 그 기사를 읽고 나서 나는 곧바로 그에게 전화를 걸어서 기사의 내용이 맞을지는 모르지만 지금 그런 이야기를 하는 것은 적절치 않다고 항의했다. 하지만 얼마 후에 내가 틀렸다는 사실을 인정하지 않을 수 없었다.

어떤 대상이 있다면 그것과 거리를 두고 비판적인 관점을 갖는 것이 국경 없는 기자회가 가져야 할 태도였다. 우리는 자신의 나라에서 적극적인 정치적 활동가로 또 저널리스트로 활동하는 사람들을 지켜오긴 했지만 그들이 가진 이데올로기까지 옹호하지는 않았다. 나중에 벤 브릭 사건이 터졌을 때 나는 나스린 때의 경험을 상기함으로써 똑같은 실수를 반복하지 않을 수 있었다. 1994년의 시점에서 우리는 과장이나 반쪽짜리 진실에 대한 별다른 고민을 하지 못했고, 또 우리가 캠페인을 통해 반反이슬람 환상을 키우고 있다는 사실에 대해서도 생각하지 못했다. 그런 한편으로 우리는 알제리 문제에 대해서만큼은 대단히 신중하게 발언을 해왔다. 그런 면에서 보면 방글라데시와 알제리 문제를 대하는 국경 없는 기자회의 태도는 일관성이 결여되어 있다는 비판을 받을 수도 있다.

우리가 알제리 문제를 다룰 때만큼은 상황에 따라 부화뇌동하지 않았다고 단언할 수 있다. 또 정부의 학정을 고발하지 않은 채 이슬람 과격파들을 악마처럼 묘사하며 내전을 선악 간의 투쟁으로 단순화시키는 것도 단호하게 거부해왔다. 이런 원칙이 방글라데시 문제에도 동일하게 적용되어야 했음에도 불구하고 나스린 사건의 경우에는 방글라데시의 정치 시스템을 극도로 단순화해서 왜곡하는 결과를 초래하고 말았다. 결과론이긴 하지만, 당시 나스린 사건은 예상했던 것 이상으로 높은 가치를 부여한 언론 보도에 우리는 크게 놀랐고, 그래서 차마 도중에 중단할 용기가 없었던 것이다.

우리가 가진 유일한 힘은 언론 속에서 국경 없는 기자회가 차지하고 있는 비중에서 나온다. 이런 사실을 우리는 결코 잊어서는 안 된다. 우리는 언론이 기자회의 활동을 보도하고, 일반 대중이 그것을 입에 올릴 때만 존재하는 것이다. 우리는 언론에는 노출되지 않더라도 묵묵히 자신의 일을 해나가는 암퇴치협회 같은 조직이 아닌 것이다! 암퇴치협회의 경우 만약 예산의 80퍼센트를 연구가 아닌 홍보 활동에 쓴다면 기부금을 내는 사람들은 당연히 비판을 할 것이다. 우리 임무는 다친 사람들을 치료하는 것이 아니라 전 세계 언론 자유의 상황에 대한 정보를 알리는 것이기 때문에 그 사정이 다를 수밖에 없다. 실제로 우리 기자회의 활동이 언론에 노출되는 것은 부차적인 것이 아니라 우리의 존재 이유 그 자체인 것이다. 다시 말하면, 우리의 목적은 감옥 속에 갇힌 기자를 위로하거나 치료하는 것이 아니라 구출해내는 것이기 때문이다! 그 목적을 이루기 위한 다른 특별한 무기는 없다. 기자들을 쇠창살 안으로 밀어넣은 자들을 공개적으로, 그리고 대대적으로 '나쁘게 선전'을 하는 것 말고 우리가 가진 다른 무기는 없다.

우리들의 기본적인 임무, 즉 개개의 기자들에 대한 물질적·재정적 지원을 제외하면, 우리가 하는 모든 일은 언론을 통해 사람들에게 알려질 때만 의미를 갖게 된다. 즉 언론에 보도되지 않는 국경 없는 기자회의 활동은 아무런 쓸모도 없다는 말이다. 나스린 사건의 경우에도 우리만의 논리로 끝까지 밀어붙였다. 하지만 앞서 언급했듯이 결정적인 실수를 범하고 말았다. 즉 우리가 전하는 정보가 어떤 경우에도 '사실'이어야 한다는 사건의 본질을 망각했던 것이다.

기자회 내부의 위기는 좀처럼 해결될 기미를 보이지 않았다. 1994년 니콜 뒤 루와는 나와의 개인적인 불화로 이사장 자리에서 물러났다. 로니 브로만도 더 이상 이사회에 참석하지 않았다. 그 역시 조직을 떠나려고 망설이고 있었다. 그는 나스린 사건을 탐탁지 않게 여겼으며, 조직의 진로가 자신의 미래와 함께 하기 어렵다고 생각했다. 그는 내가 지나치게 전면에 나설 뿐만 아니라 기자회가 홍보에만 너무 매달린다고 비판했다. 브로만 외에도 많은 사람들이 수없이 같은 지적을 했다. 나는 그런 지적에 맞서 효율성을 들먹였고, 그 선택에 대한 책임을 지겠다고 공언했다.

내부에서 기자회가 앞으로 어떤 길을 지향해야 하는지, 또 한계는 어디까지인가를 놓고 열띤 토론이 벌어졌다. 대부분의 동료들은 현장 활동 속에서 이런 질문에 대한 대답을 찾아냈다. 결국 중요한 것은 우리가 피해자들에게 해줄 수 있는 지원이었다. 언론에 크게 보도된 우리들의 활동은 일반 대중에게는 전혀 알려져 있지 않은, 예를 들면 기자 가족을 돕는다거나 가난한 신문사에 컴퓨터를 사주거나 부상당한 기자들을 위한 병원비를 마련한다거나 투옥된 기자들을 위한 재판비용을 지불하는 일 따위의 여러 활동에 들어가는 비용을 마련해주었다. 물론 우리 활동 중 어떤 것들은 현장의 효율성과는 전혀 상관없이 언론에 보도되기도 한다. 보스니아 난민들에게 라디오를 나눠주는 일은 소말리아 어린이들을 위해 학교에서 쌀을 모으는 것과 비슷하다. 그 어느 쪽이든 일반 대중들의 참여가 중요한 일이 아니겠는가. 솔직히 말해 나는 우리 일상과 동떨어진 문제로 사람들을 동원하는 일이 나쁘다고 생각하지 않는다. 그런 의미에서 내 생각은 로니 브로만보다는 국경 없는 의사회의 베르나르 쿠시네와 좀더 비슷하다고 할 수 있다. 나는 내 생애에서 쿠시네가 자신의 인생에서 이루었던 것의 절반, 아니 4분의 1만이라도 이루었으면 좋겠다고 생각한다.

쿠시네는 전면에 나서는 것을 좋아한다. 그의 이런 성향을 좋아할 수도 싫어할 수도 있다. 하지만 그게 어떻단 말인가. 그는 프랑스인들이 제3세계 몇몇 국가에 보이는 무관심의 벽을 깨뜨리는 데도 성공했다. 내게는 쿠시네 자신이 언론 보도의 중심에 섰다는 사실은 전혀 중요하지 않다. 도대체 누가 코소보에서 몇 달 간 남아 있겠는가, 도대체 누가 자신의 신념을 위해 아침부터 저녁까지 일을 할 수 있겠는가. 쿠시네인가, 아니면 나서기 좋아하는 그의 자아를 비난하는 사람들인가.

오늘날에는 최소한의 '개성'이나 '얼굴'을 전면에 내세운 '개성화' 없이 뭔가 이룰 수 있는 일은 없다. 유일한 예외가 있다면, 수많은 활동가들이 있는 앰네스티 인터내셔널 정도가 있을 뿐이다. 우리는 앰네스티와 비교할 수 없을 만큼 작은 조직이지만 때로는 언론에서 앰네스티보다 더 큰 반향을 불러일으키기도 한다. 이 모든 것은 우리가 언론에 자주 노출되었기 때문에 가능한 것이다. 말하자면 국경 없는 기자회는 '얼굴'을 가지고 있는 것이다. 주지하다시피 국경 없는 기자회는 내가 중심이 되어 만든 조직이다. 물론 지금과 다른 형태로 만들어졌을 수도 있지만 나로서는 생각하기 어려운 일이다. 아마 내 후임자는 나와는 달리 좀더 많은 사람이 참여하는 방식으로 일을 추진할 것이며, 조직 운영에도 나만큼 적극적으로 개입하지는 않을 것이다. 그렇게 해서 지금과 같은 결과를 얻는다면 그 역시 좋은 일이 아니겠는가.

나와 로니 브로만의 관계는 크게 변하지 않았다. 1994년 6월 집행부에 다시 선출된 이후 로니의 모습은 눈에 띄게 줄어들었고, 조직에 대해서도 보다 비판적인 태도를 보였다. 그는 우리 조직이 '나쁜 분위기'에 휩싸여 있으며, 유럽연합에 지나치게 종속되어 있다고 비판의 목소리를 높였다. 1995년 1월 24일 열린 이사회에서 그는 사직서를 제출했다. 사직서가 든 봉투의 겉면에 이렇게 씌어 있었다. "국경 없는 기자회는 네 것이니까 책임져." 다른 이사들에게도 그가 쓴 거친 내용의 사직서가 전달되었다. 나는 몇 달 전부터 그가 떠난다는 사실을 알고 있었다. 그는 나와 의견이 달랐던 장 클로드 기보처럼 국경 없는 기자회를 언론에 대한, 언론을 위한 성찰하는 조직으로 만들고 싶어했다. 개인적인 공격과 구체적이지 않은 비난, 그리고 해묵은 원망들까지 뒤섞여 있는 그의 사직서는 내게 큰 충격을 주었다.

심지어는 기보가 내게 퍼부었던 비판까지 들먹이며 PPDA 사건 때의 논쟁도 다시 언급했다.

일부 지식인들의 관점에서 보면, PPDA는 언론에서 반드시 고발해야 마땅한 전형적인 인물일 뿐 아니라 사이비 저널리즘을 상징하는 유명인사에 지나지 않는다. 물론 누구나 그렇듯이 그 역시 비판에서 완전히 자유로울 수 없다. 하지만 내게는 그를 존중할 이유가 있었다. 그는 아무런 요구도 없이, 또 자신을 조금도 내세우지 않으면서 여러 차례 국경 없는 기자회를 도와주었기 때문이다.

언젠가 내가 사라예보로 갔을 때 그를 자그레브 공항에서 만난 적이 있었다. 그때 나는 그에게 한 가지 어려운 부탁을 했다. 내가 보스니아 라디오 방송국에 전해줘야 할 송신기를 갖고 있는데, 세르비아 군인들에게 빼앗길까 염려가 되니 당신 수하물 속에 좀 숨겨주면 어떻겠냐는 부탁이었다. 나로서는 TF1 촬영팀의 수하물만큼은 철저하게 조사하지는 않을 것으로 생각했기 때문이다. 그는 아무 말 없이 내 부탁을 들어주었다. 그리고 그는 자신이 진행하는 뉴스 프로그램에서 수차례에 걸쳐 투옥된 기자들을 지원한다고 밝히기도 했다. 그는 우정을 소중히 여겼으며, 국경 없는 기자회 역시 언제나 그를 신뢰했다. 물론 그가 잘못한 일은 비판받아 마땅하지만, 그렇다고 해서 그를 완전히 무시하는 것도 있을 수 없는 일이다. 그래서 나는 왜 우리가 그에게 화를 내고 비판해야 하는지 이해하기 힘들었다.

로니 브로만은 사직서에서 사진집의 편집 방침에 관한 자신의 논의 요구를 종결했던 것과 기자회의 《연례보고서》에 관한 사항, 르완다 대학살 때 언론의 보도 태도, 그리고 나스린 사건에 관한 사항 등과 관련해 나에게 비판을 퍼부었다. 그가 제기한 이런 문제들에 대한 내 대답은 이후 국경 없는 기자회의 운영방식과 진로를 통해 명확하게 드러났다. 이런 위기를 맞기 전까지 우리는 기자회의 진로를 결정하는 데 혼란을 겪고 있었다. 하지만 1994년의 갈등 이후, 우리가 진정으로 원하는 것이 무엇인지, 우리가 할 수 있는 일이 무엇인지 명확하게 인식하게 되었던 것이다.

로니 브로만은 우리가 1994년 5월 3일 세계 언론자유의 날을 기념해 사진집을 출판하기로 한 결정도 비판했다. 그의 목소리는 1994년 1월, 세계적인 사진통신사인 매그넘사²⁴-의 사장이자 우리 이사진 중 한 사람으로 사진집 출판을 완강하게 반대했던 프랑수아 에벨에게까지 다다랐다. 논쟁의 핵심은 간단했다. 에벨은 국경 없는 기자회가 사진의 미래에 대한 토론의 장이 되기를 바랐다. 그는 사진집 출판이 '사진'의 사회적인 위상에 대해, 또 '사진'이 단순히 텍스트의 삽화와는 다른 특별한 것으로 기능할 가능성에 대해 사람들을 고민하게 만들 수 있는 절호의 기회라고 생각했다. 하지만 나는 그의 의견에 반대하면서 이렇게 반문했다. 우리 조직이 사진계에 도움이 되기 위해 존재하는 것인가 아니면 그 반대인가. 당연히 우리의 목적은 사진집을 팔아서 활동자금을 마련하는 것이었다. 그래서 우리는 사진집의 주제를 '언론자유를 위한 100장의 사진'으로 잡았고, 모두 흑백사진으로 선정했다. 나중에 우리가 브라질 출신의 세계적인 사진가인 세바스티앙 살가도에게 사진을 대여해달라고 요청했을 때도 나는 악착같이 사람을 끌어들인다며 호된 비판을 받았다.

나는 다시 질문했다. 우리의 목적이 과연 무엇인가. 아직 널리 알려져 있지 않은 작가의 작품을 출판하면 우리는 과연 만족할 수 있을까. 아니면 현재 맹활약 중인 뛰어난 포토저널리스트의 작품집을 출판해서 우리에게 필요한 자금을 조달하는 것인가. 나는 이런 문제에 관해서만큼은 아무런 주저함도 없다. 왜냐하면 우리는 '언론자유'가 아니라 언론자유를 '위한' 사진집을 출판하는 것이기 때문이다.

나와 로니 브로만이 서로 생각을 달리했던 두 번째 사항은 《연례보고서》에 관한 것이었다. 로니 브로만은 《연례보고서》에 단순히 사실을 모아놓는 데 만족하지 말고 향후의 전망이나 국가별 분석까지 해야 한다고 주장했다. 원칙적으로 나도 그 생각에는 적극 찬성하지만 문제는 우리가 과연 그렇게 할 수 있는 역량이 있는가 하는 부분에서 서로의 의견이 엇갈렸다. 당시 국경 없는 기자회의 직원들은 그런 종류의 일을 할 만한 충분한 경험을 갖고 있지 못했다. 게다가 우리 방침이 가능한 한 비정치적인 인권 문제에 주안점을 두기로 했다는 것도 작용했다. 따라서 로니 브로만의 요구는 기술적으로나 전략적으로나 받아들이기 어려운 것이었다. 나스린 사건의 경우, 그가 제기한 문제에 대해 나는 "우리가 틀렸다. 우리가 전면에 나서지 말고 뒷전으로 물러나 있어야 했다"고 잘못을 솔직하게 시인했다.

그리고 나와 로니 브로만 사이에 불화를 초래했던 마지막 한 가지는, 우리가 유럽연합을 통해 지급받는 보조금의 비율이 지나치게 높다는 것이었다. 일리 있는 지적이었다. 실제로 당시 우리 예산의 70퍼센트 정도가 유럽연합의 보조금이었다. 그래서 나중에 그 부분을 30퍼센트까지 낮췄다. 결국 로니 브로만이 지적한 대로 유럽연합의 보조금이 우리의 독립성을 침해할 것이라는 주장은 옳았다. 하지만 그런 부분에 대한 문제의식은 나 역시 가지고 있었다. 사실 우리가 보조금을 받는다는 이유로 어느 조직이나 집단, 특정 개인의 편에 서는 순간 기자회는 모래성처럼 허물어질 것이라는 사실을 나는 누구보다도 잘 알고 있었다. 하지만 그렇다고 해도 그가 사직서에서 드러낸 폭력성은 합리화되지 못한다.
　이런 식의 내부 갈등을 통해 이사진의 3분의 1이 조직을 떠났다. 제대로 질서가 잡히지 않은 조직들이 대개 그러하듯 토론은 폭력적이었다. 계속적인 내부 위기는 국경 없는 기자회에 긍정적인 결과를 가져오기도 했다. 나는 일련의 사건들을 통해 조직 내부에서 정보가 보다 원활하게 유통되어야 한다는 사실과, 강압적인 방식으로는 조직을 제대로 이끌 수 없다는 사실을 이해하게 되었다. 이런 깨달음은 사무총장과 이사회 사이의 균형이 보다 적절하게 유지되는 데 도움을 주었다. 일간지 〈라 크루아〉의 전임 편집국장이었던 노엘 코뱅을 1994년부터 이사장으로 영입하면서 운영방식도 매끄러워졌다. 그는 조직을 대표했지만 일상적인 사항에 대한 결정은 내리지 않았다. 그는 다른 이사들과 토론을 해나가면서 중요 사안에 대한 결정을 내렸다. AFP통신[25]의 전 사장 클로드 무아지, 일간지 〈리베라시옹〉의 전 편집국장 장 루이 페니누, 저널리스트 양성센터 CFJ[26]의 전 교장 다니엘 중쿠아, 〈르 몽드〉의 장 피에르 랑줄리에, 주간지 《쿠리에 앙테르나시오날》[27]의 설립자 중 한 사람인 미셸 부아시에, 잡지 《젠 아프리크 에코노미》의 장 루이 비세 등이 당시 기자회의 이사진이었다.

이렇게 해서 국경 없는 기자회는 보다 강한 조직이 되었으며, 1994의 위기에서 벗어날 수 있었다. 우리의 역할과 임무, 그리고 운영방식에 대한 모호함을 확실하게 떨쳐버렸던 것이다. 그때 이후 조직 내에서 제기된 문제들은 이전보다 갈등과 대립의 여지가 줄어든 대신 90년대 초반에 우리가 지향했던 역할과 임무에 훨씬 더 가까운 것들이었다. 그래서 장 클로드 기보와 로니 브로만 같으면 흥미를 갖지 않았을 문제들이 우리의 논제가 되기도 했다. 예를 들면, 어떤 기자가 아주 저질의 악당이나 다름없다는 사실을 알았음에도 불구하고 우리는 과연 그를 보호해야 하는가, 과격한 반체제 정당인 쿠르드 노동자당[28]의 활동가이기도 한 쿠르드인 저널리스트를 어떤 관점에서 봐야 할 것인가, 사진기자는 용의자의 사진을 공표할 권리가 있는가 하는, 어찌 보면 단순하지만 중요한 질문들이 우리의 주요 논제가 되었다. 우리는 프랑스 언론계를 뒤엎으려 하지 않았다. 단지 우리는 기자회가 일상적으로 직면하고 있는 몇 가지 문제들을 해결하려 했던 것이다.

학살과 증오의 미디어

5

알제리 출신 프랑스인

조직이 성숙의 시간을 보냈던 지난 2년 동안, 국경 없는 기자회는 활동을 멈추지 않고 계속 정열적으로 일했다. 알제리 문제에 이어 르완다 문제가 우리를 기다리고 있었다. 개인적으로 알제리와 관련된 문제에 개입하는 것은 적잖은 고민이 수반되는 일이다. 그 이유는 내가 알제리 출신이기 때문이다.

나는 1953년 알제리에서 태어났다. 그리고 아홉 살 때 전쟁의 기억을 간직한 채 그곳을 떠났다. 학교에서 집으로 돌아가는 길에 시체들이 나뒹굴던 모습을 지금도 생생하게 기억하고 있다. 또 삼촌 중의 하나가 가톨릭 신부로 변장했던 모습도, 아버지가 종이꾸러미 밑에 무기를 숨겼던 것도 기억하고 있다. 당시 아버지는 모든 물품을 죄다 취급하는 만물상이었다. 아버지는 레몬 수출업자, 투계 양계업자를 거쳐 나중에는 인쇄소를 운영하기도 했다. 젊은 시절에는 공산주의자, 그 뒤에는 사회주의자였던 아버지는 나중에 알제리 독립을 반대하는 비밀군사조직 OAS[1]-를 위해 적극적으로 활동하기도 했다.

아버지 가족은 1850년 나폴레옹 3세에 의해 알제리로 옮겨간 투렌느 출신 공화주의자들과, 1870년 알자스 지방을 독일에 넘겨주는 데[2]- 반대했던 알자스인 집안으로 이루어져 있었다. 그들은 모두 알제리를 자기 집처럼 여겼으며 단 한 번도 알제리를 떠난다는 생각을 하지 않았다. 나중에 미테랑에게 기꺼이 한 표를 던졌던 아버지는 당시 OAS를 위해 수입인지 등을 찍어냈으며, 삼촌 중의 하나는 1961년 퇴역 장성들의 쿠데타에 참여했다가 감옥살이를 하기도 했다. 당시 집안 어른들의 정치·사회 참여적인 태도에 비판적인 입장을 가졌던 나는 무엇보다 중요한 한 가지 사실을 깨달았다. 그것은, 행동하지 않는 것보다는 실수하는 게 더 낫다는 것이다. 다시 말하면, 어떤 의견도 없거나 혹은 사물에 대해 어떤 관점도 없는 사람만큼 최악인 경우는 없다는 말이다.

이처럼 알제리 출신 프랑스인이라는 정체성을 가진 나는, 국경 없는 기자회가 알제리 문제를 다룰 때면 스스로를 의심하게 될 뿐 아니라 어떤 판단을 내릴 때 한층 더 신중하게 된다. 어떤 사안을 다룰 때 여운이나 뉘앙스를 남기기보다는 언제나 단순하게 정리하는 쪽을 택했다. '미묘한 차이'에 대한 고려를 극단적으로 싫어하지만 알제리 정세에 대해서만큼은 모든 사람의 의견에 귀를 기울이고, 더 이상 신중할 수 없을 만큼 진중하게 뉘앙스의 차이를 철저하게 따졌다. 물론 우리는 이슬람 원리주의 테러리스트들을 비난하면서 그와 동시에 알제리 군사정권의 절대적 억압을 폭로하고, 그리고 알제리의 대다수 언론이 그러한 권력에 비판적인 태도를 취하지 않는 것도 유감스럽게 생각한다.

인권의 보편성과 좌파의 위선

알제리에서 일어난 몇 건의 살인사건이나 진상이 밝혀지지 않은 학살이 어떤 특별한 힘에 의해 이루어졌다는 사실이 드러났음에도 불구하고 그 배후에 숨어 있는 익명의 인물은 여전히 찾을 수 없었다. 우리는 그 인물이 과연 누구인지 궁금했다. 그래서 우리는 그 동안 함께 일했던 앰네스티 인터내셔널과 휴먼 라이트 워치[3]-, 국제인권연맹[4]- 등 세 인권단체와 연대하기로 했다. 우리의 요구는 간단했다. 국제조사위원회를 설치해서 살인사건에 대한 진상을 밝히라는 것이었다. 하지만 우리의 요구는 알제리인들의 반발을 불러일으켰다. 알제리인들은 우리를 대단히 싫어했고, 국경 없는 기자회 역시 오랫동안 알제리에서 환영받지 못했다. 우리가 알제리에 갈 때마다 논란이 야기되었고, 온갖 욕설이 쏟아졌다. 이 같은 언어폭력은 우리의 인내를 시험했지만 우리는 용케 견뎌냈다.

알제리 정부 당국과 언론에 대해서도 비판적인 시각을 갖는 것이 필요했다. 알제리의 일간지 〈르 스와 알제리〉[5]-와 〈엘 와탄〉[6]-을 어떻게 정부에서 독립한 언론이라고 이야기할 수 있을까. 그와 반대로 〈르 마탱〉[7]-의 편집국장이었던 사이드 멕벨이 암살당했다고 해도 이 신문이 정부와 협력했다는 혐의에서 벗어나는 것도 아니다.

1995년 알제리에 대한 조사를 끝낸 뒤 우리는 프랑스어로 발행되는 대다수 알제리 언론이 수천 명의 실종에 대해 침묵하고 있으며, 정보 전달자로서의 역할을 제대로 하지 못하고 있다고 지적했다. 우리가 이렇게 알제리의 동업자들을 비판한 데에는 나름대로 근거가 있었다. 다수의 알제리 기자들이 사적인 대화를 통해 일치된 목소리로 우리에게 알려준 바에 따르면, 치안부대가 신문사에 특정 기사를 싣도록 강요한다는 것이었다. 기자회가 이 사실을 공개적으로 밝히자 우리에게 정보를 제공했던 사람은 물론이고 모든 사람들이 우리를 공격했다. 그래서 우리는 뜻하지 않게 "식민주의의 앞잡이"라든가 "비밀을 지킬 줄 모르는 어설픈 놈" "이슬람 원리주의자에게 영혼을 팔아먹은 배신자" 등으로 매도되었다. 이 같은 격렬한 대응을 단순히 "두렵다"는 한마디 말로 설명하기는 어렵다.

대다수의 알제리 기자들은 치안부대의 지시를 고분고분하게 따랐다. 그들은 가뜩이나 혼란스러운 알제리 사회가 더 이상 시끄러워지는 것을 원하지 않았다. 물론 예외는 있었다. 이제는 폐간된《르 나시옹》[8]-지의 여성 편집장으로, 수년에 걸쳐 정부 측 기동대의 만행과 이슬람 원리주의 과격파의 만행을 동시에 고발하고 비판했던 살리마 게잘리 같은 인물이 그 좋은 예이다. 하지만 살리마 게잘리는 우리와 마찬가지로 소수파에 불과했다.

우리는 프랑스에서도 같은 문제에 직면했다. 인권투쟁의 기치를 내걸었던 대부분의 프랑스 좌파들도 알제리 민족해방전선(FLN)[9]-을 지지하는 쪽으로 선회했다. 결과적으로 1992년 이전까지 프랑스 좌파들은 알제리 FLN 정권의 인권유린에 대해 결코 비판하지 않았다. 같은 이념을 가졌다는 이유로, 그들이 과거 피해자였다는 사실 때문에 인권유린에 눈을 감았던 것이다.

1988년, 당시 총리였던 미셸 로카르는 알제리에서 수백 명의 젊은 이들이 학살당한 사건[10]-에 대해 알제리 내부 문제일 뿐이라고 간단하게 언급하고 지나갔다. 하지만 그로부터 1년 뒤 중국에서 천안문 사태가 벌어졌을 때는 그러한 억압이 중국 내부의 문제라고만 이야기하지 않았다. 알제리의 학살과 천안문의 학살은 무엇이 다른가! 학살자였던 알제리 정권 측에 들러붙어 취재를 했던 일부 프랑스 언론은 그 '커다란 입'으로 믿기 어려울 만큼 비상식적 언사를 동원해 우리를 비판하고 모욕했다. 특히 잡지《레벵느망 뒤 쥐디》[11]-의 발행인인 장 프랑수아 칸의 비난은 발군이었다. 언제나 권력에 대한 날선 비판을 해왔던 저널리스트였음에도 불구하고 그는 알제리 정권의 발언은 믿을 만한 것이라고 주장하기도 했다.

알제리에서 일어난 일련의 사건들은 아무런 차별 없이 모든 이들의 인권을 수호하는 일이 대단히 어렵다는 사실을 분명하게 보여주었다. 많은 사람들이 인권 수호를 주장하지만 과격한 이슬람 원리주의자의 인권 역시 존중해야 한다고 주장하는 사람은 찾아보기 어렵다. 그런 와중에 이슬람 원리주의자들이 선거에서 압승을 거두었지만, 그 선거는 중도에 군대에 의해 중단되고[12] 말았다.

우리가 마땅히 했어야 할 일 중에 하지 못한 일도 적지 않았다. 알제리 밖으로 눈을 돌리면, 감옥에 갇혀 있는 튀니지의 이슬람 원리주의자 기자들에게는 아무런 지원도 할 수 없었다. 어느 누구도 그것을 원하지 않았다. 나는 이러한 침묵을 이해한다. 증오를 불러일으키고 증오를 선동하는 사람들을 지키고 싶지는 않을 것이다. 하지만 그들에게도 인권이 있다는 것을 잊지 말자!

용기 있는 기자들

1992년에 발행된 알제리 이슬람 원리주의 그룹의 비합법 신문에 따르면, 기자들은 모두 이슬람 세력에 대한 탄압을 지지하는 공산주의

자들이며 친프랑스계로 "아직도 모국 프랑스에 귀속되어 있는 사상아"이며, "알제리를 구하기 위해 처형해야 할" 코란에서조차 관용할 수 없는 적으로 묘사하고 있다. 하지만 이런 심각한 위협에도 불구하고 우리 입장을 끝까지 관철해나갔다. 그 결과, 우리는 《알제리의 비극》과 《알제리 흑서黑書》라는 두 권의 책을 펴냈다. 《알제리 흑서》는 다른 인권단체 세 곳과 공동으로 펴낸 것으로, 우리 입장을 설명하기 위한 것이었다. 《알제리 흑서》에서 우리는 아직 미해결된 학살과 살인 등을 조사할 국제조사위원회의 설치를 요구했다. 《알제리의 비극》은 2만 부가 팔렸다. 프랑스인들도 알제리에 대해 직접적이면서도 진지한 접근을 원했다는 사실을 증명한 것이다. 결국 국제조사위원회 설치는 실현되지 않았지만 그때 이후로 몇 가지 현안은 반드시 해결되어야 한다는 인식이 광범위하게 확산되었다. 국가는 주어진 책임이 있기 때문에 테러 집단처럼 함부로 날뛰어서는 곤란하다. 오늘날 알제리에서 실종자 문제는 더 이상 터부가 되지 못하는 상황이다. 이처럼 국내외에서 여론이 비등해지자 알제리 당국은 최초로 살해된 타하르 자우 기자 사건에 대한 조사에 착수했다.

5년 동안 입국을 금지당했던 우리는 2000년 6월, 다시 알제리의 수도 알제에 들어갈 수 있었다. 하지만 처음부터 일이 꼬이기 시작했다. 우리가 도착하기 며칠 전, 알제리 기자노조에서는 모든 기자들에게 국경 없는 기자회를 보이콧하도록 촉구했던 것이다. 그래서 기자 세 사람의 기자만이 공항에서 우리를 기다리고 있었다. 하지만 노조의 지침에서 이탈하는 기자들이 점차 늘어나기 시작했다. 국경 없는 기자회의 임무에 대해 찬반을 묻는 서명지가 언론사 편집국을 돌아다니기도 했다. 수많은 토론으로 많이 지치긴 했지만 일단 우리의 선의를 설득하는 데 성공했다. 그 덕분에 많은 오해도 사라졌다. 주요 4대 일간지가 우리를 환영하지는 않았지만 그래도 신문사 편집국 기자들을 만나는 것까지는 막지 않았다. 우리 임무가 끝날 때쯤에는 기자회를 반대하는 기자도 소수에 불과했다. 알제리 기자들과의 관계도 점차 개선되었다.

뒤로 물러나서 생각해보면, 지금 다시 그런 상황에 부딪치면 조금은 다르게 행동했을 것 같다. 그때 우리는 알제리 언론을 지나치게 강경하게 몰아붙였다. 60명에 이르는 동료 기자들이 살해되었음에도 불구하고 그들은 계속 기사를 내보냈다. 그런 면에서 보면 알제리의 언론 환경은 주변 나라들보다 상황이 더 나았을 뿐 아니라 용기 있는 기자들도 많았다. 우리는 그런 사실을 간과했다.

기자들은 과격한 이슬람 원리주의에 대한 두려움 때문에 모든 소지품을 들고 군 캠프에 들어갈 수밖에 없었으며, 그런 이유로 정권에 의해 자행된 수많은 인권침해 사례들을 밝힐 수 없었던 것이다. 하지만 우리는 이런 사정을 제대로 알지 못했으며, 그들이 처한 상황에 대한 치열한 고민도 부족했다. 그 때문에 우리는 이슬람 원리주의 그룹의 말도, 또 알제리 당국의 말도 믿을 수 없다는 인상을 주었지만 그건 우리가 원래 의도했던 바는 아니었다. 우리는 알제리 사태에 대해 이렇게 이야기했어야 했다. "인권의 적은 이슬람 원리주의 테러리스트들이다. 하지만 그들의 맞은편에는 살인은 물론이고 무슨 짓이든 할 수 있는 전횡적이고 불법적인 권력을 손에 움켜쥔 자들이 있다." 이렇게 말했다면 분명 사물을 단순화시키는 장점이 드러났을 것이다. 그랬다면 대중들 역시 이 말을 즉각 이해했을 것이며, 우리가 이번에 했던 것처럼 많은 알제리 기자들에게 상처를 주는 일도 없었을 것이다.

르완다, 학살의 현장에서

르완다 사건은 설명하기 쉽지 않은 대단히 복잡하고 어려운 사례 중 하나이다. 1994년 4월 6일, 르완다에서 하비아리마나 대통령이 탑승한 비행기가 추락하는 사건이 발생했다. 지금까지 그 배후가 밝혀지지 않고 있지만 이 테러 행위는 이후 벌어진 50만 명의 투치족 주민이 희생된 집단학살과 다수의 온건파 후투족이 대량 살육된 끔찍한 대학살[13]-의 빌미가 되었다. 대량학살이 일어나기 얼마 전 우리는 르완다 언론에 대한 조사를 수행했다. 당시 우리 조사원들은 나중에 학살이 벌어지는 동안 방송을 통해 투치족 주민 살해를 선동한 자유 라디오 텔레비전, 즉 RTLM[14]-의 아나운서들을 만났다. 조사원들은

RTLM이 어떤 성격의 라디오 방송국인지조차 모른 채 그들을 만나고 돌아왔다. 1987년의 레지스 드브레가 그랬던 것처럼 그들은 아무것도 보지 못했던 것이다(여기에 대해서는 이 책의 제2장을 보라). 국제 사회의 시각에서 볼 때 1993년까지 르완다는 민주화가 진전되고 있는 상황이었으며, 아프리카의 다른 나라에 그보다 훨씬 더 악랄한 독재자들이 있었기에 적어도 하비아리마나 대통령이 괴물로까지 비쳐지지는 않았다. 게다가 하비아리마나 대통령은 탄자니아의 아루샤에 주둔하고 있던 르완다 애국전선(FPR)[15]-과 최초로 평화협약을 맺었으며, 협상도 계속 진행 중이었다. 표현의 자유도 존재했으며, 민영 신문들도 별다른 어려움 없이 발행되고 있었다. 이런 모든 이유들 때문에 우리는 아무런 위험도 감지하지 못하고 있었다.

우리가 발행하는 《연례보고서》의 르완다 항목에도 르완다에 극단적인 성향의 라디오 방송국이 하나 있을 뿐이라는 세 줄 정도의 기록이 전부였다. 르완다에서 학살이 확산되고 있을 때에도 우리는 그런 소식을 전혀 알지 못했다. 그런 사실은 우리의 마음을 무겁게 짓눌렀다. 만약 우리가 그런 끔찍한 사실을 알았다면 어떻게 해야 했을까. 당시 르완다에는 더 이상 언론이 존재하지 않았기 때문에 그것을 대신할 만한 그 무엇을 찾아서 지원할 수도 없었다. 뼈아픈 일이긴 하지만 르완다에서 학살이 진행되는 동안 우리는 아무런 역할도 하지 못했다. 그 대신 우리는 르완다 애국전선이 수도 키갈리를 점령하고, 수십만의 사람들이 서쪽으로 피난가고 있을 때 학살 후의 '증오'를 가라앉히는 일을 하기로 했다. 이 같은 일은 누군가 반드시 해야 할 일이었다. 이미 일어난 일은 어쩔 수 없다 하더라도 당시 시점에서 가장 중요한 것은 다시는 그와 같은 야만적인 일이 발생하지 않도록 하는 것이었다.

6월 어느 날, 콩고의 고마에서 막 돌아온 필립 두스트 블라지 보건부장관 일행이 우리를 만나고 싶어했다. 장관은 유엔 난민고등판무관실[16]-이 우리에게 어떤 제안을 해왔다고 알려주었다. 그 제안의 내용은, 콩고 국경 부근에 라디오 방송국을 세워 르완다 애국전선이 퍼뜨리고 있는 거짓 정보에 대항하고, 그와 동시에 난민들의 귀환도 돕자는 것이었다. 사실 그 제안이 있기 몇 주 전부터 우리는 국경 없는 기자회 스위스 지부와 함께 유사한 계획을 세워놓았지만, 그런 일이 우리 임무에 속하는지 확신하지 못한 채 망설이고 있었다. 결국 우리는 한 걸음 더 나아가기로 했다.

송신기 한 개로는 국경 부근 키브 호수 양쪽에 있는 주요 난민 수용소를 커버하기에 불충분했기 때문에 우리는 고마에서, 스위스 지부는 부카부 쪽에서 방송을 내보냈다. 현지어로 '제비'를 뜻하는 '아가타쉬야'라는 이름을 가진 두 개의 라디오 방송이 1994년 8월 5일부터 송출을 시작했다. 우리 임무는 간단했다. 현장의 인도주의 단체에게 질병 예방법과 음식물을 비롯한 기타 물품의 배급 방법 등을 조언하는 한편, 난민 수용소를 장악하려는 인터함웨[17]-가 유포하는 근거 없는 소문을 불식시키고 정확한 정보를 전달하는 것이었다. 통역사들은 우리가 지시하는 내용을 스와힐리어와 키냐-르완다어로 전달했다. 내가 볼 때 라디오 아가타쉬야의 역할은 여기까지였다.

하지만 스위스 지부는 확실한 대안매체가 되어 자신들이 생산해 낸 정보를 방송하고 싶어했다. 나는 거기에는 동의하지 않았다. 학살을 저지른 미치광이들이 난민으로 침투해 있다는 사실을 알고 있는 상황에서 어떻게 객관적인 방송을 내보낼 수 있을까. 라디오를 통해 사실을 있는 그대로 전달한다면 필시 감당하지 못할 사태가 발생할지도 몰랐다. 게다가 라디오 방송을 통해 전달되는 정보가 새로운 정권에 우호적인 것이라면 라디오 방송은 최악의 매체가 될 가능성도 있었다. 말하자면 이전에 학살을 선동했던 라디오 방송과 전혀 다를 게 없을 수도 있다는 것이었다. 나는 상황으로 인해 이처럼 편집권의 자유가 제약당할 수밖에 없는 현실이 안타까웠다. 그리고 우리가 어떤 선택을 하더라도 난민들에게 피해가 갈 수 있는 현실적 상황이 무엇보다 견디기 힘들 만큼 불편했다. 그래서 나는 유엔 난민고등판무관실과 맺은 3개월간의 계약기간이 끝나자마자 안도의 한숨을 내쉬며 두 개의 라디오 방송을 폐쇄하기로 결정했다.

하지만 부카브에서 라디오 아가타쉬야의 책임자로 일했던 스위스 지부장 필립 다행댕은 우리의 결정에 따르지 않았다. 의견 충돌이 발생하자 우리는 긴급 이사회를 소집했다. 이사 중의 하나인 클로드 무아지는 우리가 계속 라디오 방송을 해서는 안 된다고 단호하게 입장을 피력했다. 그는 스위스 지부의 방송 중단을 요구하고, 그런 결정에 이의를 제기하는 사람은 조직에서 내보내기로 했다. 하지만 다댕댕은 우리의 결정에 아랑곳하지 않았다. 그는 오히려 우리가 프랑스 군대의 물자를 이용해 후투족 민병대와 내통했다고 비난했다. 하지만 그외 아의저인 비판은 아무런 근거가 없었다. 프랑스 송출공사(TDF)[18]에서 제공받은 각종 장비를 보건부의 비행기로 운반했던 것뿐이었다. 물론 현장에서 프랑스 군대의 도움을 받은 것은 사실이었다. 그들은 텐트와 간이침대를 빌려주었고, 특히 고마 산 정상에 송신기를 설치하는 일을 도와주었다.

다른 모든 인도주의 단체와 마찬가지로 우리도 격심한 혼란 속에서 살아남기 위해서는 특별한 해결책이 없었다. 게다가 그 지역은 프랑스 통제구역이었다. 만약 프랑스 군인들의 도움이 없었다면 우리는 신속하게 일을 처리할 수 없었을 것이다. 단지 그뿐이었다. 격렬한 토의 끝에 국경 없는 기자회 스위스 지부의 일부 기자들이 사퇴했고, 그들은 독자적으로 '제비재단'[19]을 설립했다. 이후 제비재단은 라디오 아가타쉬야를 계속 운영했다.

이 같은 위기로 인해 하마터면 국경 없는 기자회 인터내셔널이 붕괴될 수도 있었다. 르완다의 극적인 상황이 논쟁을 더욱 격렬하게 만들었고, 이는 다른 지부들과의 관계에도 좋지 않은 영향을 미쳤다. 이는 우리가 하나의 목소리를 내지 못한 최초의 사건이었다.

우리는 이사회에서 국경 없는 기자회 인터내셔널의 위상에 대해 토의했다. 그 결과, 국경 없는 기자회 인터내셔널이 본부에 종속된

기구가 아니라는 사실을 분명하게 명시했다. 국경 없는 의사회의 조직 구성[20]과는 달리 파리에 본부를 두고, 우리가 조직의 최소기준만 제시하면 나머지는 각 지부가 알아서 일을 처리하는 방식으로 운영하도록 했다. 순간적인 갈등이 좋은 영향을 끼친 것은 아니지만 스위스 지부가 분리된 것은 나름대로 긍정적인 효과도 있었다. 제비재단이라는 새로운 조직이 생겨나서 지금도 분쟁지역에서 라디오 방송을 하고 있으니 말이다. 여러 경로를 통해 제비재단이 지금까지 부룬디와 라이베리아, 그리고 다른 여러 나라들에서 훌륭한 일들을 해왔다는 사실을 전해 듣고 있다. 해당 지역에서 그들은 모두에게 인정받았고, 실질적인 도움이 되었다. 나는 이것이 무엇보다 중요하다고 생각한다. 누군가 도움을 요청하면 주저 없이 그것을 실천에 옮기는 것! 비록 서로의 견해가 달라 조직에서 떨어져나갔지만 나는 그들의 활동에 아낌없는 지지와 존경을 보낸다. 라디오 아가타쉬야는 르완다에서 계속 방송을 내보내다가 1997년 콩고 분쟁[21]으로 인해 사무실이 파괴되면서 방송이 중단되고 말았다. 실로 안타까운 일이 아닐 수 없다.

우리 쪽에서도 유럽연합의 지원을 받아 키갈리에서 새롭게 문을 여는 여러 언론사를 재정적으로 지원했다. 학살을 피해 살아남은 사람들은 다시 출판물을 발행하기 시작했다. 그래서 우리는 가톨릭교회에 속한 유일한 민간 인쇄소가 다시 제 역할을 할 수 있도록 돕기도 했다. 또 엠네스티 인터내셔널 벨기에 지부와 공동으로 현지에서 활동하는 NGO가 키칼리에서 인권 라디오 방송국 설립을 시도할 때 적극적으로 지원하기도 했다. 하지만 라디오 아가타쉬야의 방송국 설립 신청을 거부했던 르완다 정부는 그들에게도 주파수를 부여하지 않았다.

돌이켜보면, 우리는 스스로를 산전수전을 다 겪은 베테랑이라고 생각했지만 르완다에서만큼은 어리석을 정도로 순진했다. 우리는 르완다 애국전선이 적어도 대량학살의 주된 희생자, 바꾸어 말하면 현장에서 학살을 겪었던 사람들의 대표자에게 정치적 발언의 기회를 줄 것으로 생각했다. 하지만 그들은 전혀 그렇지 않았다. 실제로는 정반대였다.

학살과 증오의 미디어

르완다와 관련된 우리 활동은 미디어에 대한 직접적인 지원에만 국한된 것은 아니었다. 1994년 9월, 우리는 증오와 폭력이 난무하는 르완다 땅에서 언론의 역할에 대한 조사에 착수했다. 우리 이사회의 일원이며 르완다 사정에 정통한 장 프랑수아 뒤파키에와 대학교수인 장 피에르 크레티앙에게 그 일을 의뢰했다. 나도 그들과 현장에 동행했다. 우리는 이들의 조사 결과를 《증오의 미디어》와 《르완다-학살의 미디어》라는 제목으로 두 권의 단행본에 담았다.

　라 데쿠베르트 출판사에서 펴낸 《증오의 미디어》는 르완다처럼 위기에 처한 많은 나라에서 미디어가 해야 할 역할에 대해 조사한 것이며, 카르탈라 출판사[22]와 라 데쿠베르트 출판사에서 공동으로 펴낸 《르완다 학살의 미디어》는 1990년부터 1994년까지 르완다 학살의 원인 중 하나였던 프로파간다를 집중적으로 연구한 것이다. 《증오의 미디어》는 어느 정도 인정을 받기는 했지만 일반의 생각과는 달리 모든 사람들의 지지를 얻어내지는 못했다. 일반 대중이 받아들이기에는 그 개념이 다소 어려웠기 때문이다. 실제로 증오는 어디에서 비롯되는 것일까. 증오를 낳고 증오를 조장하는 미디어는 어떤 발언이라 할지라도 도덕적으로 비난받고, 법률적으로 제재의 대상이 되어야 한다는 생각을 옹호하기가 쉽다. 하지만 미국에서 오랫동안 생활했던 클로드 무아지는 이런 생각에 반대했다. 그의 생각은, 언론은 언론이 말하고 싶은 것을 말할 수 있어야 하며, 특정한 규제장치에 묶이지 않아야 한다는 것이었다. 그는 증오의 미디어를 억압하는 것은 우리가 싸우고 있는 검열과 관계가 있다고 주장했다. 경우에 따라 증오의 미디어를 정당화할 수도 있는 듯이 보이는 그의 견해는, 결국 언론자유가 그만큼 소중하다는 역설적인 반증으로 이해할 수 있다. 그래서 그는 역사수정주의자들[23]이 만든, 인종 차별을 부추기는 인터넷 사이트나 신문을 금지하는 방안에 대한 논의가 제기되었을 때 나와 같은 논지를 펼치기도 했다.

1994년 우리는 부룬디의 언론이 증오를 부추기고 있다고 판단하고 이들에 대한 소송을 제기했다. 물론 지금이라면 그렇게 하지 않았을 것이다. 언론자유가 위험하다 할지라도 그 동기가 어떠하든 언론자유를 침해하는 것은 더욱 위험하기 때문이다! 민주주의 역시 마찬가지이다. 광신적인 과격파들에게 한 표의 권리를 인정하고 있다는 면에서 보면 민주주의 역시 위험하기는 마찬가지이다. 하지만 그렇다고 해서 그들에게 투표권을 제한할 권리는 누구에게도 없다. 민주주의의 위험을 이야기하면서 누군가의 권리를 제한 또는 부정하는 것은 민주주의 자체를 부정하는 것이나 다름없기 때문이다!

또 다른 예를 생각할 수 있다. 포르노를 금지할 경우 '누가' '어디'에서 그런 결정을 내릴 수 있을까. 과격적인 장면이 다수 등장하는 '날 강간해줘'[24]라는 영화가 불러일으킨 논란은, 그와 같은 제한이 명확하게 결정될 수 없는 지극히 주관적이라는 사실을 보여준다. 물론 이런 영화가 어떤 사람들에게는 충격을 줄 수 있다는 사실을 이해하고, 나 역시도 그런 입장을 갖는 것이 무리는 아니라는 생각을 한다. 그럼에도 불구하고 내가 유일하게 선택할 수 있는 것은, 그 어떤 제한도 있어서는 안 된다는 것이다.

증오를 불러일으킨 미디어에 관한 논의는, 신생 르완다 정부에 대해 어떤 태도를 취해야 하는가를 놓고 르완다 현지에서 미디어 조사를 벌였던 장 피에르 크레티앙과의 논쟁으로 이어졌다. 크레티앙은 국경 없는 기자회가 학살을 조장한 르완다의 기자들을 지켜줄 필요가 없으며, 그런 기자들을 르완다 정부가 불법적으로 감옥에 보냈다고 폭로한 우리를 정면에서 비판했다. 하지만 그의 주장은 받아들이기 어려웠다. 대중들은 인권단체가 주장하는 무죄추정의 원칙을 쉽사리 받아들이지 못한다. 다시 말하면, 이 사건의 경우 르완다 정부가 감금한 기자들이 학살을 조장했다 하더라도 법률적인 판단을 받기 전까지 무죄로 추정되어야 하며, 따라서 이들을 불법적으로 감금해서는 안 된다는 것이다. 이는 그 대상이 기자이든 아니든 관계없이 누구에게나 적용되어야 하는 보편적인 원칙인 것이다. 우리는 이 문제에 관해 열띤 토론을 벌였다. 하지만 토론은 가톨릭 신부이자 기자인 앙드레 시보마나와 크레티앙, 그리고 르완다에서 활동하는 NGO 사이의 의견 대립만 심화시키는 결과를 초래하고 말았다.

사제의 고난

1994년 12월, 우리는 앙드레 시보마나에게 국경 없는 기자회 프랑스 재단상을 수여했다. 하비아리마나 정권 하에서 국경 없는 기자회의 통신원이었던 이 가톨릭 사제는 1988년 이후 《키냐마테카》[25]-라는 제호의 격주간지 발행인으로 활동했다. 이 잡지는 인종적 편견을 배제한 반체제적인 성격을 띠고 있었다. 권력과 야합한 가톨릭교회 상층부를 공개적으로 비판함으로써 파문까지 당한 시보마나는 소송과 살해 위협을 비롯한 수많은 공격에 시달리면서도 정권의 부패와 족벌주의를 강도 높게 비판했다. 그리고 대량 학살 직후에는 위험을 무릅쓰고 증오로 가득 찬 사회를 올바른 방향을 돌려놓으려고 했지만 신생 정부의 반응은 결코 호의적이지 않았다. 르완다 애국전선의 명령을 따르는 신문사들이 펼친 집요한 중상모략과 거짓 정보의 희생자가 된 그는 자신의 역할과 투쟁의 정당성에 대한 회의에 빠졌고, 마침내는 고립감에 사로잡히고 말았다. 앙드레 기사우아 교수의 설명처럼, 그는 국제적인 명성을 누리던 1980년대 말 활동가 세대의 마지막 생존자라는 느낌에 사로잡혔던 것이다. 실제로 그와 가까웠던 많은 사람들은 1994년 학살 전후로 죽임을 당했으며, 학살을 피해 도망친 사람들도 모두 외국으로 피신해 있는 상태였다. 게다가 1995년 7월, 프랑스 리용에서 발행되는 가톨릭 잡지 《골리아》[26]에서 그의 이름을 대량학살에 가담한 사람들의 명단에 올리는 어처구니없는 일마저 일어났다. 쉽게 말하면, 《골리아》는 그를 죽이려 했던 것이다. 시보마나의 이름을 대량학살과 관련된 인물 명단에 올려놓음으로써 《골리아》는 복수할 대상을 찾고 있던 투치족에게 좋은 먹잇감을 제공했던 셈이다.

우리는 시보마나를 표적으로 한 상식 밖의 공격에 크게 분노했다. 그런데 문제는 《골리아》가 르완다의 사정을 전혀 모르고 있었다는 사실이다. 가톨릭 잡지이긴 하지만 가톨릭의 상층부에 대단히 비판적인 시각을 가진 《골리아》의 진짜 목적은 다른 데 있었다. 가톨릭의 위계질서를 비판할 수 있는 방법을 찾던 도중에 시보마나라는 표적을 발견했던 것이다. 말하자면 자신들의 목적을 이루기 위해 수단과 방법을 가리지 않았던 것이다. 시보나마를 표적으로 삼은 배경에는 《골리아》가 별다른 조사도 하지 않고 르완다 애국전선과 연계되어 있던 '아프리카 권리' [27]-라는 단체의 자료를 아무런 검증 없이 그대로 받아들인 데 있었다.

우리는 시보마나의 명예를 지키기 위해 싸우기로 했다. 소송에서 이길 수 있다는 변호사의 말을 믿고 우리는 《골리아》를 법정으로 끌어들였다. 우리는 승리를 확신했지만 유감스럽게도 결과는 그렇지 못했다. 우리가 재판 절차를 제대로 지키지 못하는 바람에 1995년 8월에 우리의 요구는 기각되고 말았다. 그래서 재판 결과만 놓고 보면 《골리아》가 기본적으로 옳다는 인상만을 남기게 되었다.

시간을 두고 생각해보면, 어떤 사정이 있다 하더라도 특정 언론을 상대로 국경 없는 기자회가 소송을 제기하는 것은 바람직하지 않은 일이었다. 법정에서 시비를 가리는 일은 우리가 할 일이 아니었다. 그래서 시보마나 사건 이후로 우리는 어떠한 소송도 제기하지 않았으며, 신문 같은 매체에 반론권도 행사하지 않았다. 그때 이후로 우리는 어떠한 경우에도 '팩트'의 영역 내에서 움직였으며, 그 이상의 일은 하지 않았다. 당시 우리는 시보마나의 활동에 대해 철저하게 조사했다. 그리고 그 결과를 3개월에 걸쳐 125개 항목의 보고서 형식으

로 작성·제출했다. 우리는 그것으로 만족해야 했고, 시보나마의 명
예 회복은 그 보고서만으로 충분하다고 생각했다.

진실은 힘이 세다

르완다 사건은 우리에게 다른 많은 문제도 제기했다. 그중에서 가장
중요하고 혼란스러웠던 문제는 우리가 행동해야 할 적절한 타이밍에
관한 것이었다. 1994년 7월, 가공할 대량학살 이후, 사람들은 그러한
학살을 종식시킨 새로운 정부를 지지할 수밖에 없었다. 하지만 불과
몇 주 사이에 우리는 르완다 애국전선의 실체를 보게 되었다. 그들의
행동방식 역시 자신들이 쫓아냈던 이전 정권의 그것과 조금도 다르
지 않았다. 불법체포와 살인, 학살 등이 계속해서 일어났다. 이처럼
신생 정권에 의해 저질러지고 있는 새로운 범죄 행위를 우리는 어떤
시점에서 어떤 방식으로 고발해야 할까. 우리가 만약 이들을 고발한
다면, 결과적으로는 자이레 난민 수용소를 후방기지로 삼아 르완다
신생 정부를 향해 복수의 칼을 갈고 있는 후투족 과격주의자들에게
이로운 행위가 될 수밖에 없었다.

　숙고 끝에 우리는 동시에 두 곳의 전선에서 동시에 싸우기로 결정
했다. 자이레에서는 가장 적극적으로 활동하는 과격파 기자들(이들

의 대부분은 아루샤 국제형사재판소[28]의 명령으로 감옥에 갔다)에 대한 조사 활동에 들어가고, 르완다에서는 1995년 초 사건에 관한 객관적인 보고서를 공표함으로써 진실이라는 무기로 사람들이 갖고 있는 편견을 없애기로 했다. 그럼에도 불구하고 우리는 많은 어려움을 겪어야 했다. 특히 우리에게 가장 공격적인 태도를 보인 곳은, 르완다 애국전선이 세운 신생 정부의 범죄 행위가 백일하에 드러났음에도 불구하고 그런 사실을 완강하게 부인했던 프랑스의 수많은 NGO였다. 그들은 공개적으로 신생 정부를 지지했다.

우리가 르완다에 대한 보고서를 발표하자 온갖 협박과 비판이 뒤따랐다. 하지만 얼마 지나지 않아 우리를 비판했던 NGO들은 진실에 눈을 뜨게 되었다. 우리가 제시한 명백한 증거 앞에서 차마 눈을 감을 수 없었던 것이다. 다행스럽게도 국경 없는 기자회는 그들보다 먼저 진실에 접근해 있었다.

무관심의 바다

6

남미 대륙에 언론자유를!

국경 없는 기자회가 설립된 이후 우리는 아프리카와 관련된 문제에 많이 개입했다. 이런 사실은 아프리카를 지배하고 있는 정권의 성격 때문만은 아니었다. 아프리카와 관련된 사건이 기자회 활동의 많은 부분을 차지하는 것은 무엇보다 우리가 프랑스에 근거지를 두고 있기 때문이다. 머나먼 남미보다는 과거 식민지의 언론 현황에 관심을 갖는 것이 보다 쉬웠다는 말이다. 1985년 기자회 설립 당시 우리는 국제 뉴스에서 제3세계가 선택적으로 다루어지는 '편견'을 넘어서고 싶었지만 결국 거기에까지 이르지는 못했다. 시대 상황과 현실적 조건을 뛰어넘기 위해 몸부림쳤음에도 불구하고 애당초 지향했던 바를 이루지 못했다는 면에서는 실패라고 하지 않을 수 없다.

사실 남미 대륙에서 기자회의 활동은 거의 알려져 있지 않다. 1996년 5월 31일, 나는 페루 대통령 후지모리의 관저를 방문했다. 페루에도 여러 명의 기자들이 감옥에 갇혀 있었다. 그는 유창한 프랑스어로 자신이 인권을 얼마나 존중하고 있는지 설명했다. 그래서 나는 대통령에게 감옥에 갇혀 있는 기자들의 이름을 거명하며 그들을 만나게 해달라고 요청했다. 그러자 그는 그렇게 해주겠다며 곧바로 감옥을 관할하고 있는 장군에게 전화를 걸어 내가 수감자들을 만나게 해주라고 지시했다. 하지만 전화를 끊고 나서 5분 뒤에 담당 장교가 대통령에게 전화를 걸어왔다. 10년형 이상을 선고받은 죄수는 법률적으로 외국인 면회가 금지되어 있다는 전언이었다. 법률이라는 넘어서기 힘든 벽이 있었다. 하지만 대통령은 전화로 "나를 위해 좀 해주시오. 메나르 씨가 내일 아침 감옥에 갈 거요" 하고 장교에게 명령했다.

다음날 아침 우리는 수도 리마에서 약 400킬로미터 떨어진 감옥 앞에 도착했다. 거기서 우리는 수감 중인 기자를 면회할 수 있었다. 그는 우리의 방문을 무척 기뻐했다. 세상 어딘가에 자신에게 관심을 가진 사람이 있다는, 그리고 자신이 아직도 잊혀지지 않았다는 사실에 그는 무척이나 안도했다. 얼마 후 그는 다른 죄수들과 함께 사면되어 감옥 문을 나설 수 있었고, 우리는 그가 다시 일할 수 있도록 도움을 주었다.

차베스 대통령 치하의 베네수엘라에서는 페루에서와 같은 성공을 거두지는 못했다. 1999년 11월의 어느 날, 베네수엘라 당국은 헌법 제58조를 수정하기로 결정하고 다음 달인 12월 15일에 국민투표를 실시하기로 했다. 헌법 제58조의 내용은 다음과 같다.

보도의 자유와 복수 언론의 존재를 인정한다. 하지만 그것은 법률에 따라 정해진 의무와 책임을 다해야 한다. 모든 국민은 부정확하고 모욕적인 정보로 인해 직접적인 피해를 입을 경우 반론이나 정정문의 게재를 요구할 권리를 가진다.

우리는 누가 어떤 정보를 "부정확하고 모욕적"이라고 판단할 수 있는가에 대한 설명을 직접 듣기 위해 베네수엘라에 가기로 했다. 이런 판단이 권력의 자의적인 기준에 따라 이뤄진다면 언론자유에 대한 심대한 침해라고 판단했던 것이다. 현지에 도착한 우리는 국경 없는 기자회 인터내셔널 대표인 페르난도 카스텔로와 함께 기자회견을 열었다. 회견에서 우리는, 국내에서는 전제적인 권력을 휘두르면서도 해외에서는 언론자유를 존중하는 것처럼 비쳐지는 차베스 대통령의 이중적인 태도를 비판했다. 그런 후에 동료들과 함께 자리에 앉자마자 내무부 장관의 전화가 걸려왔다. 그는 거의 위협에 가까운 욕설을 퍼부었다. 조용히 전화를 끊고 동석자들에게 그 내용을 알려주자 기자회견장은 일순간 침묵에 휩싸였다. 하지만 모든 베네수엘라 언론들은 장관의 발언 내용을 전하며 이 사건을 크게 다루었다. 당연하다는 듯이 베네수엘라 당국의 분노가 뒤따랐다. 차베스 대통령 역시 우리를 "염치없는 기자회"로 지칭하면서 비난의 대열에 가세했다. 그 덕분에 베네수엘라에서 우리의 지명도는 훨씬 높아졌다!

쿠바는 종종 오해를 사고 있는 남미의 대표적인 국가이다. 1996년 이후 우리는 쿠바에 막대한 재정적 투자를 했을 뿐만 아니라 온갖 정성을 쏟았다. 우리는 모든 수단을 동원해 쿠바의 독재체제 하에서 벌어지고 있는 언론자유 침해를 고발하기 위해 노력했다. 우리는 이 문제를 여론화하기 위해 소규모 출판사인 쿠바 프레스[1]-의 라울 리베로 사장을 전면에 내세웠다. 리베로 사장은 정치경찰의 집요한 위협을 받고 있었다. 우리는 그를 보호하기 위해 그의 사례를 언론에 전달해서 보도하도록 했다. 그래서 우선 그의 시집을 프랑스어로 출판하기로 하고, 과거 카스트로의 지지자였으며, 체게바라 저작의 모든 판권을 가진 프랑수아 마스페로에게 번역을 맡겼다. 그리고 그에게 국경없는 기자회 프랑스 재단상도 수여했다. 또 크리스틴 오크렌트가 카파 프로덕션[2]-의 기자들과 함께 쿠바의 그의 집을 방문해 인터뷰를 하기도 했다. 이 같은 활동의 결과, 서방 세계에서 그는 쿠바의 대표적인 반체제 인사로 알려지게 되었다. 그가 쿠바에서 언론자유를 위해 싸우는 중심적인 인물이 되긴 했지만 쿠바의 사하로프 같은 존재는 될 수 없었다.

우리는 쿠바의 언론자유를 위해 많은 노력을 기울이긴 했지만 쿠

　　　　　　　　　　　　　　　　　　싸우는 저널리스트들

바라는 나라에 대한 서방 세계, 특히 프랑스 사회에 깊게 뿌리 내린 편견이라는 벽과 맞부딪혀야 했다. 그 편견은 쿠바가 독재 국가라는 사실을 대중들이 좀처럼 인정하려 들지 않는다는 것이었다. 한 예로, 쿠바이 수도 아바나에서 돌아온 가수 마누 차오는 쿠바에서 굶어죽은 아이들을 보지 못했다고 이야기하기도 했다. 그의 말이 맞을지도 모른다. 하지만 그가 쿠바에서 무엇을 보았을까. 무엇으로 쿠바가 자유롭다고 이야기할 수 있을까. 사실 아프리카 서부에 있는 토고가 쿠바보다는 훨씬 더 민주적이다. 하지만 토고의 에야데마 장군을 격렬하게 비판했던 사람조차도 카스트로를 향해서는 아무런 비판의 목소리를 내지 못한다. 스페인에서는 그와 같은 무분별한 태도가 공공연하게 인정되고 있다. 스페인의 좌파들은 여전히 카스트로를 지지하고 있다. 문제의 섬나라에서 벌어지고 있는 전제적인 정치체제를 흔들림 없이 옹호하고 있는 것이다.

맞아죽고, 감옥에 갇히고

아시아와 근동지역도 남미와 마찬가지로 프랑스인들의 관심에서 멀리 떨어져 있는 지역이다. 우리는 시위현장을 촬영하다가 경찰에 맞아 죽은 터키 기자 메틴 곡테프의 가해자에 대한 재판을 취재하기 위해 많은 시간과 에너지를 쏟았다. 우리는 터키 현지에서 15차례의 법정 심문 과정을 취재했고, 나 역시 10여 차례나 다녀왔다. 그 때문인지 현재 터키에서 국경 없는 기자회는 널리 알려져 있다. 하지만 프랑스에서 메틴 곡테프라는 기자의 이름을 들어본 사람이 과연 몇이나 있을까. 그리고 그를 죽인 명백한 살인자들에 대한 재판이 실로 부당한 것이었다는 사실을 알기나 할까. 우리 조직에서 이 사건을 맡은 사람은 당시 국경 없는 기자회의 유럽 담당이었던 장 치치졸라와 그의 조수였던 프랑 프티였다. 우리는 기자들에게 현지까지 가는 이동 경비를 지원하고, 수도에서 멀리 떨어진 재판 장소까지 보도진과 일반인이 갈 수 있도록 차를 빌렸다. 이런 노력에도 불구하고 우리는 아무런 성과도 거두지 못했다. 터키의 법정에서 취재 기자를 때려죽인 사람은 살인자가 아니었던 것이다.

중동에 있는 시리아는 또 어떤가. 프랑스에서는 마치 불문율처럼 아무도 하페즈 알아사드 대통령을 비판하지 않는다. 그를 중동지역의 분쟁 해결에 대단히 중요한 인물이라고 여기기 때문이다. 하지만 그의 아들이 정권을 잡았을 때도 변한 것은 없었다. 프랑스 정부 역시 시리아의 인권 문제에 대해 아무런 언급도 하지 않았다. 따라서 시리아 문제는 프랑스의 외교 전략과 시리아의 불투명한 정치적 배경을 함께 생각해야 할 필요가 있다. 실제로 시리아 정권은 대단히 강경하고 억압적이었으며, 그 내부에서 일어나는 일은 어떤 경우에도 밖으로 알려지지 않았다. 그런 상황이다 보니 우리가 전혀 알지 못하는 수감자들의 운명에 대해 무슨 말을 할 수 있겠는가. 역설적으로 이런 상황이야말로 언론자유의 중요성을 말해주는 것이지만, 현재 우리가 할 수 있는 일이 많지 않다는 것이 안타까울 뿐이다.

우리는 시리아의 니자르 나유프 기자 사건에서도 이러한 문제에 직면했다. 나유프 기자는 1992년 '민주적자유수호위원회'의 선전물을 작성했다는 이유로 유죄판결을 받았다. 투옥된 그는 수차례 고문으로 인해 척추와 목, 그리고 사지에 심각한 부상을 당해 많은 고통을 겪었다. 그래서 우리는 그의 목숨을 살리기 위해 1988년도 국경 없는 기자회 프랑스 재단상을 수여했다. 기자회가 주는 상이 그의 끔찍한 고통을 위로하고, 고문을 가하는 자들에게 더 이상 그의 목숨을 위협하지 말라는 경고의 메시지로 들리기 원했던 것이다. 그리고 우리는 레바논에 정착해서 정기적으로 나유프 기자를 면회했던 그의 부인에게 7천 500유로의 상금을 전달했다. 하지만 그의 부인은 상금을 받은 지 불과 2주일 후에 자식들과 함께 캐나다로 떠나버리고 말았다. 우리가 전화를 걸어 해명을 요구하자 그녀는 "지금 상황을 도저히 견딜 수 없습니다. 새로운 삶을 살고 싶습니다" 하고 솔직하게 대답했다. 나는 그녀의 말을 이해할 수 있었다. 하지만 국경 없는 기자회의 입장에서는 감옥의 수상자가 그 상의 혜택을 받지 못한 데다 부인마저 떠나버린 상황을 쉽사리 받아들이기 어려웠다. 게다가 더욱 안타까운 사실은 나유프가 아직도 감옥에 있으며, 그의 건강상태가 아주 좋지 않다는 것이다(2000년 5월 12일 브라질의 리우데자네이루에서 세계신문협회 제53회 총회가 열렸다. 이날 총회에서 니자르 나유프 기자에게 '자유의 황금펜상'이 수여되었다. 세계 편집인 포럼 회장인 루스 데 아키노는 "나유프 기자는 지난 1992년 수감된 이후 수많은 고문과 협박을 당했으며, 시리아 정부로부터 황금펜상의 수상을 거부하면 석방시켜주겠다는 회유를 받았으나 이를 거부했다"며 "세계신문협회와 전 세계 언론인의 이름으로 시리아 정부에 강력한 항의를 표시한다"고 밝혔다-편집자).

주지하다시피 일반 대중의 관심에서 소외된 지역에서 뉴스거리를 만들어 언론에 전달하는 일은 생각만큼 쉽지 않다. 하지만 우연이 겹치거나 때로는 운이 좋아서 언론 보도에 유리한 상황이 전개될 때는 드물게나마 우리가 원했던 목표를 달성하기도 했다. 예를 들면, 베트남처럼 사람들의 관심에서 소외되어 있는 나라에서 멋지게 작전을 성공시키기도 했던 것이다.

18년간의 투옥

1997년, 파트릭 푸아브르 다르보르(PPDA)는 18년 동안 감옥에 수감되어 있던 베트남의 저널리스트 도안 비에트 호아트의 열렬한 후원자가 되었다. 마침 그 해에 프랑스어권 수뇌회의[3]가 하노이에서 열렸다. 우리는 베트남의 감옥에 있는 여덟 명의 기자들을 어떻게 하면 회의 참석자들에게 알릴 수 있을 것인지 고민했다. 우리는 민주화를 요구했다는 이유로 징역형을 선고받은 도안 비에트 호아트를 그 상징적인 인물로 선택했다. 진작부터 우리가 알고 있던 그의 부인을 통해 호아트 기자에 대해 비교적 많은 정보를 가지고 있었기 때문이다. 우리는 PPDA에게 전화를 걸어 베트남에 동행해줄 것을 부탁했다. 채 한 시간도 지나지 않아 그는 내게 전화를 걸어 흔쾌히 우리의 제안을 승낙했다. 나와 PPDA, 카메라 기자 세바스티앙 르누이유, 오디오 담당 파트릭 미셸이 함께 하노이로 떠났다. 베트남의 관리들이 TF1의 취재팀을 맞이했고, 호텔까지 안내를 해주었다. PPDA는 관리들에게 취재팀이 조금 피곤해서 쉬었으면 좋겠다고 말했다. 관리들이 떠나자 우리는 곧바로 택시를 잡아타고 호아트 기자의 부인이 알려준 수용소를 찾아 나섰다. 호아트가 갇혀 있는 수용소는 하노이에서 400킬로미터나 떨어진 곳이어서 기사는 운전 도중에 계속 투덜댔다. 그의 입을 막기 위해 우리는 돈을 얹어줄 수밖에 없었다.

그렇게 감옥에 도착한 뒤에 우리는 대담하게 행동했다. 우리는 감옥 문을 힘차게 두드렸고, 카메라 기자는 외국인을 보고 완전히 넋이 나간 경비원 쪽으로 카메라를 들이댔다. 우리의 요구는 단 하나, 호아트 기자와 만나게 해달라는 것이었다. 그런 와중에 달려온 수용소장은 우리를 보고 몹시 화를 냈다. 외국의 텔레비전 취재팀이 수용소에 들어온 것이 이번이 처음이었던 것이다. 물론 우리는 호아트 기자를 만날 수 없었다. 이미 하노이에 연락을 취한 소장에게 파트릭이 호아트 기자의 사진을 보여주며 그가 이곳에 있는지 물었다. 소장은 머리를 세차게 흔들며 부인했다.

카메라는 이 모든 장면을 촬영했다. 수용소 사람들은 즉시 떠나줄 것을 요구했다. 친절하긴 했지만 단호했다. 우리는 간신히 하노이로 돌아올 수 있었다. 도착한 즉시, 우리는 녹화 테이프를 세 개 만들어 그중 하나를 프랑스로 전송했다. 그리고 이 소식은 오후 8시 뉴스 초반부를 장식했다. 뉴스가 나간 직후, 시라크 대통령이 수뇌회의 참석을 위해 타고 가던 비행기 안에서 마르탱 부이그 내무장관에게 전화를 걸어 사실 확인을 했다는 것도 알게 되었다.

사람들은 국경 없는 기자회의 이번 베트남 취재가 다분히 선정적이었다고 비판했다. 그런 비판에도 불구하고 우리의 베트남 방문 1년 뒤에 호아트 기자는 풀려났다. 그리고 그는 자유의 몸이 되어 프랑스를 방문했다. 정말 감격적이었다. 그는 수용소에서 무려 18년을 갇혀 지냈다는 사실을 믿기 힘들 만큼 넘치는 에너지를 가진 멋진 사람이었다. 또 다시 새로운 위험 부담을 기꺼이 감수할 준비가 되어 있던 호아트 기자는 자신의 싸움을 계속 이어가겠다는 계획을 가지고 있었다. 아마도 그의 확신에서 나오는 열정이 다시 일어설 수 있게 만든 것 같았다. 그뿐 아니라 그의 출소는 나로 하여금 이 일을 지속할 수 있게 만든 중요한 계기가 되기도 했다.

비록 해피엔딩으로 끝났지만, 이 사건은 자신과 직접적인 관련이 없으면 전혀 신경 쓰지 않는 일반적인 프랑스인들의 성향에 비추어 보면 지극히 예외적인 사례라고 할 수 있다. 지금도 프랑스인들은 여전히 남의 일에 무관심하다. 방송 기자들은 국제 뉴스만 나오면 시청률이 떨어진다며 사람들의 무관심에 볼멘소리를 늘어놓는다. 언젠가 《누벨 옵세르바퇴르》에서 일하는 친구가 알려준 바에 따르면, 20세기에서 가장 중요한 사건 중의 하나였던 베를린 장벽 붕괴에 대해 집중적으로 다뤘을 때 잡지 판매 부수가 가장 적었다고 한다. 그럼에도 불구하고 나는 사람들의 고정관념과는 달리 다른 나라 사람들이 프랑스인보다 더 넓은 시야를 갖고 있다고 생각하지는 않는다. 일간지가 1천 800개 이상 있는 미국에서도 기껏해야 서너 개 정도의 신문만이 국제 뉴스를 제대로 다루고 있기 때문이다.

우리는 활동의 중요성을 더욱 배가시키기 위한 방책의 하나로 관련 조직과의 연대를 모색했다. 우리는 이미 50여 개의 다른 조직과 함께 국제언론자유 네트워크(IFEX)[4]의 회원으로 가입해 있었다. IFEX는 언론자유 수호를 위해 결성된 조직으로, 인터넷을 통해 가맹자들에게 각 조직의 활동과 정보를 순차적으로 전달하는 거대한 네트워크이다. 이 네트워크는 전달 사항이 있으면 그 내용이 중복되지 않도록 마치 징검다리처럼 가입한 조직을 차례로 연결하는 방법을 사용했다.

1996년 내내 우리는 IFEX에 가입한 조직 중에서 가장 중요한 곳들과 보다 긴밀한 관계를 맺기 위해 노력했다. 런던에 근거지를 두고 각국 정부에 언론과 관련된 법적 규제의 개선을 촉구하는 '아티클 19'나 '인덱스 언 센서십', 그리고 미국에서 우리와 거의 같은 일을 하는 '저널리스트 보호위원회' 등이 그 대상이었다. 하지만 이들과의 논의 과정에서 일하는 방식이나 재원조달 방법에 대한 이견이 노출되면서 결국 아무런 결론도 이끌어내지 못했다. 한 예로 미국 쪽에서는 우리가 유럽연합으로부터 보조금을 받는다는 사실을 쉽사리 받아들이지 못했으며, 반대로 우리는 그들이 미국 정부의 입장과 너무 근접해 있다는 사실을 곱게 바라보지 않았다. 지금 생각해보면, 우리가 그런 조직들에 접근해서 뭔가를 이루려고 했던 시도는 올바른 방향이 아니었던 것 같다. NGO들 간의 경쟁은 어쩌면 서로 방법의 차이가 있을지 모르지만 지향하는 바는 같다는 점에서 바람직한 것이다. 조직의 발전에 자극이 되기도 하고, 우리가 자신감을 잃어버리거나 길을 잘못 접어들었을 때 다시 올바른 길을 갈 수 있도록 도와주는 길잡이가 되기 때문이다.

편파적인 언론 보도

모니터링은 특정 선거와 관련된 뉴스를 전할 때 해당 국가 사람들의 관심을 끌기 위해 우리가 생각해낸 방법 중 하나이다. 선거 기간 동안 언론이 각 후보자들을 다루는 시간이나 기사의 크기를 측정하는 것은 중요한 문제가 아닐 수 없다. 우리는 이 작업을 팔레스타인에 이어 토고에서도 실시한 적이 있다. 토고 대선을 재정적으로 지원했던 유럽위원회가 선거 기간 동안 미디어 감시 업무를 우리에게 맡겼던 것이다.

애당초 토고 당국은 우리가 그 일을 맡는 데에 심한 거부감을 드러냈다. 하지만 유럽위원회는 토고 당국의 의견을 물리치고 기자회가 그 일을 맡도록 했다. 유럽위원회는 기자회의 감시를 받지 않으면 재정적으로 지원할 수 없다고 토고 당국을 압박했다. 결국 토고는 내가 토고의 총리를 만나러 직접 현지에 오면 그 제안을 수락하겠다는 전제조건을 내걸었다. 나는 토고에 가지 않을 수 없었다.

토고에 도착한 다음날 아침, 수도 로메의 한 호텔에 있던 나에게 외무장관인 코피 파누가 전화를 걸어왔다. 에야데마 대통령이 나를 보고 싶어한다는 전언이었다. 나는 도저히 거절할 수가 없었다. 어디라도 그렇겠지만 아프리카에서도 한 공화국 대통령의 초대를 거절하는 것은 쉬운 일이 아니다. 나는 비행기를 타고 대통령이 태어난 피아라는 곳으로 날아갔다. 현지에 도착한 시간은 아침 8시. 아침식사 자리에서 대통령이 나에게 닭고기를 건네주자 공포정치에 주눅이 든 장관들도 닭고기를 먹지 않을 수 없었다. 식사 후에 대통령은 나를 대통령 관저로 초대했다. 관저에서 그는 내게 샴페인을 권했다. 나는 술을 못한다고 대답했다. 내 대답에도 아랑곳하지 않고 그는 계속 권했다. 아직 오전인 데도 그는 네 병을 더 땄고 내게도 네 번이나 권했다. 물론 나는 손도 대지 않았다. 얼마 후 나에게 손을 씻으러 가지 않겠냐고 물었다. 나는 괜찮다고 했다. 그러자 그는 "같이 갑시다. 그러면 고맙겠소" 하고 말했다. 더 이상 거절할 수 없었다. 나를 욕실에 데리고 간 그가 물었다. "어떻습니까, 좋지 않습니까?" 잠시 뒤 그는 과거 자신이 기적적으로 테러를 피한 이야기가 씌어 있는 책을 한 권 가지고 왔다. 그리고 내가 앉아 있는 의자 앞에서 책을 펴서 읽기 시작했다.

"2월 2일, 나는 군대를 열병하고 있었다. 그런데 갑자기 한 남자가 무기를 꺼내들고 앞으로 달려 나왔다. 나는 땅에 엎드렸다."

그는 카펫 위에 비스듬하게 누워 계속 책을 읽어나갔다.

"나는 굴렀다."

그렇게 말하고는 실제로 카펫 위에서 굴렀다.

"그가 내게 총을 쐈고, 나는 다시 굴렀다."

그도 다시 굴렀다.

"운 좋게도 그때 나는 서류철을 가지고 있었다. 총알은 서류철에 박혀버렸다."

그는 신의 은총에 대해 이야기하는 것으로 낭독을 마무리를 지었다. 두 시간 반 동안 우리는 국경 없는 기자회에 대해서는 한 마디도 하지 않았다. 대통령은 내 질문에는 전혀 대답하지 않으면서 내 마음을 사로잡고 싶어했고, 오로지 자신의 이야기만 했다. 내가 여러 번

그의 독재에 대해 지적하자 그는 "내가 어떻게 민주주의자가 아니라고 생각할 수가 있소?" 하고 되묻기까지 했다. 그래서 나는 그가 토고의 첫 번째 대통령이었던 실바누스 올림피오를 암살한 것으로 자주 비난받고 있다는 사실을 상기시켜주었다. 당연히 그가 화낼 것이라고 생각했지만 그는 침착하게 대답했다.

"어떻게 그런 생각을 할 수 있소? 그런 나쁜 행동을 하면 신이 나를 용서하지 않을 거요. 내가 권좌에 있다는 것은 신이 아무런 말도 하지 않기 때문이오. 내 무고함의 증거지요."

몇 주 후에 틀림없이 발생할 선거부정에 대해서도 그는 같은 말로 나를 설득하려고 했다. 토고 언론에 대한 모니터링은 선거 한달 반 전에 시작되었다. 우리는 매주말 모니터링 결과를 공개하기로 결정했다. 첫 번째 주말에 공개된 기자회의 공식 보고서는 반론의 여지가 조금도 없었다. 후보자들에 대한 각 언론의 정보량이 엄청나게 차이가 났던 것이다.

첫 번째 결과를 공표하자 총리는 정세를 파악할 목적으로 우리를 초대했다. 그는 우리가 보는 앞에서 조금도 과장하지 않고 정말 많은 눈물을 흘렸다. 그는 발표한 내용에 대해서는 아무런 이의도 제기하지 않았지만 크게 실망한 것 같았다. 그는 우리에게 하소연했다. "대통령께서 당신을 만나주었고, 또 나도 당신을 두 번이나 만났지 않습니까. 그런데 어떻게 그렇게 보고서를 작성할 수 있습니까. 우리는 서로 좋은 관계를 맺지 않았습니까." 그건 아무 상관없는 일이라고 그에게 설명했다. 그 다음 주에 우리는 현지어 방송의 선거운동 관련 방송시간을 조사했다. 그러고 나서 다음번에 총리를 만나자 그는 "아, 그렇군요. 나는 '복수정당제'니 '정치적 다원주의' 같은 말은 프랑스어에만 있는 줄 알았습니다" 하고 말했다. 그래서 나는 그에게 우리가 발견한 사실을 한 가지 알려주었다. 그것은 토고 말에서 '야당'이라는 단어는 '표를 주더라도 당선 후에는 약속을 지키지 않는 사람들의 집단'으로 바꾸어 말할 수 있다는 것이었다.

결론적으로 말하면, 우리가 맡았던 임무는 확실한 성과를 거두었다. 몇몇 언론사의 노골적인 편파 보도를 시정할 수 있었던 것이다. 최종 보고서에서 우리는 실제 선거운동 과정에서 언론이 후보자들을 차별했으며, 그러한 불균형이 심각한 수준이었다는 사실을 지적하면서 유럽위원회가 이미 몇 년 전부터 중단했던 토고에 대한 원조를 재개해지 말 것을 권고했다. 그래서 현재까지도 원조는 재개되지 않고 있다.

달빛 아래 내 친구 종고

7

기자는 과연 "미덕의 모델"이 될 수 있는가

국경 없는 기자회에서 일을 하다 보면 간혹 그때 좀더 잘 할 수 있지 않았을까, 아니면 다른 방법은 없었을까 하고 되돌아볼 때가 있다. 또 실제로 잘못된 선택이 오히려 좋은 결과를 낳았다는 생각이 들 때도 있다. 알제리와 유고슬라비아, 르완다의 사례에서 보았듯이 국경 없는 기자회의 임무는 대단히 어려운 것이었다.

자신들의 임무를 올바르게 수행할 수 있는 능력이나 자질을 제대로 갖추지 못했거나 혹은 결코 옹호할 수 없는 일을 한 사람들이 기자라는 이름으로 '당당하게' 활동하는 데도 불구하고 결국 그들에게도 도움이 될 수밖에 없는 언론자유를 위해 싸우는 것은 상당한 어려움이 뒤따르기 마련이다. 그래서 우리는 어떤 기자들이 자진해서 매수되기를 원하거나 최소한의 기자윤리를 지키지 않을 때는 그들이 더 이상 "미덕의 모델"이 되지 못하도록 주의를 환기시킨다. 예를 들어보자.

서부 아프리카 대서양 연안에 있는 코트디부아르에서는 모든 대기업들이 홍보비 예산을 책정하고 있는데, 그 돈은 모두 기자들을 대상으로 원하는 기사를 나오게 만들거나 혹은 문제의 기사를 나오지 못하게 하는 데 사용된다고 한다. 또 카메룬에서는 30유로만 있으면 어느 기업이나 경쟁 정치인에 대한 악의적인 기사를 주문할 수도 있다. 그런데도 국가는 이러한 언론의 일탈 행위들을 쉽사리 근절시키지 못하고 있다. 왜냐하면 그러한 일탈 행위들이 사회 전반에 넓게 퍼져 있는 데다, 기자를 명예훼손으로 고발하는 것이 자동적으로 언론자유를 침해하는 것으로 인식되기 때문이다. 그래서 우리도 이제는 권력에 의한 언론의 권리 침해를 고발하고 비판하는 것과 함께 기자들이 자신들의 의무를 준수하지 않는 것에도 감시를 게을리 하지 않고 있다. 사실 어느 쪽이든 우리로서는 결코 환영할 만한 일이 아닌 것이다.

이런 여러 가지 문제에도 불구하고, 지난 2년 사이에 우리는 세계의 언론자유를 신장하는 데 크게 기여할 것으로 확신할 만한 두 가지 커다란 성공을 거두었다. 지금부터 언급할 두 사람의 기자, 즉 노르베르트 종고와 브리스 플뢰티오의 사례는 대단히 중요한 의미를 갖고 있다. 이들과 관련된 사건은 국경 없는 기자회의 많은 동료들에게 자신감과 자부심을 강하게 불어넣어 주었기 때문이다. 그래서 이 두 사람의 기자들에 관한 이야기에 많은 부분을 할애하고 싶다.

탐사보도 기자의 의문사

노르베르트 종고는 부르키나파소의 수도 와가두구에서 발행되는 탐사보도 전문 주간지 《앙데팡당》[1]의 편집장이었다. 평소 종고는 '사슬에 묶인 오리'라는 제목이 다소 독특한 《카나르 앙셰네》[2]라는 잡지의 열렬한 애독자였다. '독립'이라는 뜻을 가진 잡지 《앙데팡당》은 공식적으로 서너 명을 고용하고 있었지만 기자로서는 그가 유일했다. 부르키나파소의 자유로운 언론 상황을 이용해, 그는 끊임없이 부패사건을 고발하고, 타락한 정치인을 공격했으며, 크고 작은 스캔들을 파헤쳤다. 그가 쓴 일련의 기사들은 큰 반향을 불러일으켰으며, 매주 1만 부에서 1만 2천 부 가량 판매됨으로써 지역 신문 중에서 1위를 차지하고 있었다. 하지만 대단히 불행하게도 그에게 가장 큰 성공을 가져다준 사건이 그의 죽음을 초래하고 말았다.

1997년 12월, 대통령의 동생이자 고문인 프랑수아 콤파오레의 집에 도둑이 들어 침실에서 3천만 CFA 프랑[3]을 훔쳐가는 사건이 발생했다. 도난 사실을 알게 된 그의 부인은 곧바로 남편에게 알렸다. 황급히 집으로 달려온 프랑수아 콤파오레는 경찰을 제쳐두고 대통령 경호실에 먼저 연락했다. 아프리카의 몇몇 대통령의 친인척은 일단 사건이 발생하면 이런 식으로 일을 처리하는 경우가 종종 있다. 경호실에서 나온 사람들은 범죄 현장에서 네 사람의 용의자를 체포했는데, 그들은 모두 그 집에서 일하는 사람들이었다. 그들은 아무런 절차나 설명도 없이 곧바로 연행되었고, 몇 주 동안 대통령 경호실 본부에서 매일 고문을 당했다. 그들은 모의 처형을 비롯해 통닭구이처럼 장작불에 달궈지는 고문을 당하는 등 표현하기 힘들 만큼 끔찍한 고통에 치를 떨어야 했다. 그런 와중에 운전기사인 다비드 우에드라오고가 학대를 견디다 못해 대통령 의무실에서 사망하는 사건이 벌어졌다. 우에드라오고는 비밀리에 매장되었지만 호시탐탐 뉴스거리를 추적하던 종고의 레이더에 이 사건이 포착되었다. 그는 이 사건에 집요하게 매달렸다. 몇 달 동안 그는 이 범죄 행위에 대한 새로운 소식을 매주 조금씩 내보냈다. 그리고 마침내 그는 이 사건에 대통령의 친인척과 경호실이 연루되어 있다는 사실을 밝혀냈다. 추후에 밝혀진 일이긴 하지만 그의 보도에 잘못된 내용이 거의 없었다는 사실도 여기에 분명하게 기록해두자. 그만큼 그는 철저했던 것이다!

1998년 12월 13일, 권력층의 추악한 범죄 행위를 끈질기게 추적하던 종고는 예기치 못한 교통사고로 갑자기 사망하고 말았다. 다른 세 명의 동승자들과 함께 그는 시꺼멓게 불에 탄 시신으로 발견되었던 것이다. 부르키나파소 당국은 단지 사고였다고 발표했다. 하지만 종고의 가족은 철저한 조사를 요구했다. 재선된 지 얼마 지나지 않은 데다 아프리카 통합기구(OUA)[4]의 의장이기도 했던 블레즈 콤파오레 대통령에게 이 사건은 대단히 좋은 않은 시점에서 일어난 악재였다. 일단 대통령은 이 사건을 일관되게 사고라고 주장했지만 국민들은 그 말을 액면 그대로 받아들이지 않았다. 매주 시위 군중이 급격하게 늘어나면서 사회 전반에 긴장이 고조되었다. 우리는 현장으로 달려가 아프리카 담당 조사원인 장 프랑수아 쥘리아르와 함께 간단하게 1차 조사를 하고, 1998년 12월 말에 조사 결과를 발표했다.

경찰의 조서와 검시 보고서를 읽고 난 뒤 우리는 사고 주장이 큰 설득력이 없으며, 좀더 철저하게 조사해야 한다는 사실을 확인했다. 몇 주가 지난 뒤 국경 없는 기자회가 선정한 법의학자와 총기 전문가가 노르베르트 종고의 몸속에서 두 개의 총탄을 발견했다. 그리고 다른 세 명의 동승자 사체에서도 총탄이 발견되었다. 당국에서 단순 교통사고로 발표했던 사건이 이제는 국가범죄로 바뀌는 순간이었다. 시위는 더욱 확산되었고, 국민들의 압력에 굴복한 당국은 판사와 지역 인권단체 대표, 각 부처별 공무원들로 구성된 독립적인 진상위원회를 설치하겠다고 약속했다. 두 외국 단체, 즉 국경 없는 기자회와 앰네스티 인터내셔널도 이 위원회에 참여했다.

내부 토론을 거쳐 우리가 내린 결론은, 정부 당국이 광범위한 권한을 위임한 위원회에 내가 개인 자격으로 참여한다는 것이었다. 위원회는 조사를 위해 경찰과 헌병, 그리고 자금을 자유롭게 쓸 수 있었을 뿐 아니라 각종 면제 혜택도 누릴 수 있었다. 하지만 당국은 두 가지 수단을 사용해 위원회를 실질적으로 통제하려고 했다. 첫 번째는, 위원회에 참여하고 있는 정부에서 파견된, 특히 국방부에서 나온 군인이 사건 관련자에 대한 심문을 담당했다. 바꾸어 말하면, 위원회에서 누군가를 소환하면 그 사람은 우리가 물어볼 질문을 미리 인지하고 거기에 맞는 대답을 했다. 이런 사실을 우리는 뒤늦게 깨달았지만 다행스럽게도 우리는 당국의 전략을 재빨리 알아차리고 이를 무력화시켰다. 위원회에서 질문에 응했던 200여 명 중 대다수가 당국의 압력을 받지 않은 상태에서 질문에 성실하게 답변했다. 그럼에도 불구하고 심문하기 어려운 경우도 적지 않았다. 예를 들면, 사건 관련자로 의심받고 있는 프랑수아 콤파오레의 장모도 증언을 하러 왔다. 우리는 그녀에게 일개 월급쟁이에 불과한 딸이 어떻게 자신의 침실에 그와 같은 거액을 가지고 있을 수 있는가를 물었다. 내가 그녀에게 질문했다.

"따님이 무슨 일을 하고 있습니까?"

"잘 모르겠는데요. 딸한테 직접 물어보시죠."

"어디에서 일합니까?"

"모릅니다."

"따님이 당신 회사에서 일하는 것으로 알고 있는데요."

"아, 맞아요. 기억이 나지 않았어요."

"이제 바보 같은 소리 그만하시죠! 당신은 지금 거짓말하고 있어요!"

"당신들이 뭔데. 아무도 내게 그런 식으로 이야기하지 않소! 돌아가겠이요!"

그녀는 정말 자리를 박차고 나갈 것 같은 기세였다. 어떤 위원들은 내 무례함에 벌컥 화를 냈지만 우리는 그녀를 가로막았다. 대통령 동생의 장모인 그녀가 아직도 해명해야 할 것이 많이 남아 있다는 사실에 그녀는 매우 당황해했다. 위원회의 가장 큰 권한 중의 하나가 바로 정권의 실력자들에게도 손댈 수도 있다는 사실을 이해시켰던 것이다. 당국의 두 번째 통제 수단은 위원회가 실질적인 조사를 결정해도 그것을 실행하지 않는 것이었다. 예를 들어 우리가 요구한 대로 대통령 경호원 중 하나가 체포되었지만, 그는 아무 일도 없었다는 듯이 곧바로 석방되어 집으로 돌아갔다. 경찰들과 헌병들은 대통령 경호원을 감옥에 보내는 것에 몹시 두려워했다.

정의의 한계

우여곡절이 있었지만 전반적으로 조사는 잘 마무리되었다. 1999년 5월 5일, 우리는 조사보고서를 완성했다. 사건의 모든 내용을 적시하지는 않았지만 비교적 절제 있는 톤으로 작성된 보고서였다. 여기에는 이유가 있었다. 위원회의 위원장을 맡은 판사가 각국에서 온 대표자 전원의 공동 서명을 요구했고, 그들의 동의를 얻기 위해서는 최소한의 객관성과 공정성이 담보된 보고서를 만들어야 했던 것이다. 결국 보고서를 발표하기 전날 두 사람의 공무원이 동의 의사를 철회했다. 위원 전원의 동의를 받기 위해 우리가 양보했던 일들이 괜한 짓이었다는 생각에 나는 몹시 화가 났다. 그럼에도 불구하고 1999년 5월 7일, 부르키나파소의 모든 신문에 보고서 전문이 게재되었다.

조사위원회는 "이 네 사람이 살해된 사건의 동기는……한 기자가 수년 동안 벌였던 조사, 특히 대통령 고문 프랑수아 콤파오레의 운전기사였던 다비드 우에드라오고의 죽음과 관련된 최근의 탐사취재에서 찾아야 한다"고 결론을 내렸다. 그와 동시에 보고서에서는 이번 사건과 관련된 여섯 명의 '유력한 용의자'를 실명으로 지목했는데, 그들 모두는 대통령의 경호원들이었다. 신문에 게재된 보고서를 읽은 사람들은 약간 실망했을지도 모른다. 그렇지만 우리는 보고서의 행간에 숨어 있는 의미를 제대로 읽는다면, 보고서의 결론 역시 올바르게 이해할 수 있을 것으로 확신했다.

다음날, 당초부터 예정되어 있던 '언론자유의 날' 기자회견을 위해 노동조합회관에 초대된 나는 쏟아지는 질문 공세에 맞닥뜨렸다. 미리 예정했던 20명의 기자 대신 수백 명의 사람들이 몰려와 나에게 자세한 설명을 요구했다. 주최자 측에서는 부랴부랴 연단을 만들었고, 나는 즉흥적으로 보고서에 대해 설명했다. 나는 보고서 안에 모든 질문에 대한 대답이 들어 있다고 이야기하면서 대신 보고서 내용을 명확하게 해석해야 한다고 거듭 설명했다. 그런 다음 나는 말을 돌리지 않고 의심스러운 부분에 대해 명확하게 설명했다. 다음날 출국할 예정이었기 때문에 상당히 자유롭게 이야기할 수 있었다. 나는 세세한 부분까지 이야기하면서 보고서에서 용의자라고 부르는 사람들이 사실은 범인이라고 설명했다. 특히 살인에 대해서는 세부적인 부분까지 언급했다. 노베르트 종고가 지근거리에서 공격을 당해 죽임을 당할 때 현장에 있던 농부가 그 사실을 목격했기 때문에 우리도 확신을 갖게 되었다는 사실도 이야기했다. 그리고 나는 재판에 회부된 여섯 명의 대통령 경호원에 대해 언급하면서 그들이 우에드라오고의 살인자라는 사실도 지적했다. 나는 "저는 그들을 악당이라고 해야 할지 깡패라고 해야 할지 고민스럽습니다. 아니, 내 생각에 그들은 깡패입니다" 하고 이야기했다. 그 말을 들은 청중들은 들끓어 올랐다.

오후에 나는 라디오 방송에서 같은 말을 했고, 그 다음날에는 민영 라디오인 호라이즌 FM⁵-에서도 같은 이야기를 되풀이했다. 한창 이야기하고 있는 도중에 갑자기 방송이 중단되었다. 방송국 사장에게 위협 전화가 걸려왔던 것이다. 이런 내용이었다. "더 이상 떠들면 당신 방송국을 날려버리겠어!"

나는 재빨리 호텔로 돌아왔다. 생방송이 갑자기 중단되었기 때문에 다들 걱정하고 있었다. 위험한 일이 생길지도 모른다는 생각에 나는 캐나다 대사관과 스위스에 있는 한 장관에게 사태의 전말을 알린 뒤에 호텔방으로 피신했다. 프랑스 대사관에 연락하지 않은 것은 이 일로 프랑스 대사가 곤경에 빠질 수 있다는 생각이 들어서였다. 사실 프랑스 정부는 이번 조사가 진행되는 동안 명확한 입장을 표명하지 않고 있었다. 대통령 경호실이 명백한 범죄를 저질렀다는 증거가 백일하에 드러났음에도 불구하고 프랑스로부터 교육 원조는 계속 되고 있었다.

아프리카에 주재하는 프랑스 대사들이 하는 말은 언제나 같다. 가령 "메나르 씨, 아프리카는 당신이 생각하는 것보다 훨씬 복잡합니다. 완전히 다른 세상이지요. 내가 아프리카를 다닌 지가 벌써 몇 년이 지났습니다. 다른 사람들, 반대자들도 마찬가지예요. 이 정도까지 오는 데 200년이나 걸렸어요. 저들에게 시간을 좀더 줘야 합니다" 같은 식이다. 게다가 이번 살인사건에 대해서도 "보세요. 콤파오레 대통령은 정확합니다. 그는 조사위원회에 모든 권한을 주지 않았습니까?" 하면서 콤파오레 대통령을 두둔하는 듯한, 그리고 아프리카를 내려다보는 듯한, 아니 분명 깔보는 프랑스 외교관의 천박하기 짝이 없는 시각은 도저히 용납할 수 없다. 그럼에도 불구하고 한 가지 분명한 사실은, 콤파오레 대통령은 자신의 권한 내에서 할 수 있는 한 최선을 다했다는 것이다. 사실 그가 노르베르트 종고의 암살에 대해 알고 있었다는 증거는 없다. 하지만 대통령인 그가 사건이 터진 후에도 몰랐다는 것은 정말 납득하기 어렵다.

내가 호텔에서 전화를 걸고 나서 몇 분 뒤에 부르키나파소 경찰들이 도착했다. 그들은 자신들을 따라오라고 했지만 도저히 그럴 수가 없었다. 그리지 그들은 돌아갔고, 곧바로 다시 와서 내게 지금부터 거주지역이 제한된다고 통보했다. 사실상 연금되었다는 통보였다. 그제서야 나는 프랑스 대사관에 전화를 걸었고, 곧바로 영사가 달려왔다. 대사관에서 나온 영사는 우리 일행을 경찰서로 데려갔다. 거기에서 부르키나파소의 내무장관은 내게 다음 비행기로 파리로 떠나라는 사실상의 국외추방 처분을 내렸다. 애당초 그 비행기로 떠나기로 되어 있었기 때문에 나는 그 상황이 그렇게 우스꽝스러울 수 없었다.

9월에 프랑수아 쥘리아르와 《로트르 아프리크》[6]-의 기자인 앙투아네트 들라팡과 함께 다시 부르키나파소에 들어가려고 했던 나는, 부르키나파소의 장관이 우리의 입국을 환영한다고 했음에도 불구하고 재입국을 거절당했다. 그럼에도 그때 공항에서 벌어졌던 작은 소동이 우리 활동에 유리하게 작용했다. 아프리카 대륙 내에서 종고 사건이 다시 사람들의 입에 오르내리기 시작했던 것이다. 그로부터 수개월 후 우리는 훗날 큰 반향을 불러일으킨 아이디어를 하나 생각해냈다. 그것은 코트디부아르의 레게 스타인 알파 블론디에게 종고 사건을 주제로 아프리카 사람들의 관심을 높일 수 있는 노래를 하나 만들어 달라고 부탁했던 것이다. 블론디는 흔쾌히 우리의 제안을 받아들여 '나의 친구 종고여, 달빛 아래서 너의 펜을 나에게 빌려줘'라는 가

사로 시작하는 멋진 노래를 무료로 만들어주었다. 우리 부탁으로 제작된 이 앨범은 3만 장 이상 판매됨으로써 아프리카 전역에서 종고 사건과 그의 신념이 널리 알려지는 계기가 되었고, 아울러 국경 없는 기자회의 활동자금을 마련하는 데도 큰 도움을 주었다. 블론디의 노래가 얼마나 인기가 있었는지 부르키나파소의 수도 와가두구의 나이트클럽에서도 들을 수 있을 정도였다.

이처럼 국내외적으로 비판이 거세지자 부르키나파소 당국은 결국 다비드 우에드라오고를 고문치사한 혐의로 고발된 대통령 경호실 소속 용의자들을 재판에 회부했다. 재판에서 프랑수아 콩파오레는 운전기사의 고문사에 자신은 아무런 책임이 없으며, 우에드라오고가 대통령 경호실 건물 내에 감금되어 있었다는 사실도 알지 못했다고 증언했다. 하지만 이러한 주장은 대통령 특별 참모장인 길베르 디엥데레 육군 중령이 조사위원회에서 발언한 내용과 완전 배치되는 것이었다. 디엥데레 중령은 1999년, 우에드라오고와 그의 동료들이 체포되었다는 사실을 보고받은 즉시 대통령에게 그 사실을 알렸다고 증언한 바 있다. 어떻게 대통령이 자신의 동생에게 이런 사실을 알리지 않을 수 있었을까.

안타까운 일이긴 하지만 정의가 모든 것을 다 할 수는 없다. 그리고 때로 정의의 영역은 제한되기도 한다. 2000년 8월 20일, 세 사람의 대통령 경호원은 다비드 우에드라오고에 대한 고문치사 혐의로 유죄판결을 받았다. 두 사람의 경호원은 20년 형을, 또 한 사람의 경호원은 10년 금고형을 선고받았다. 같은 혐의로 재판을 받았던 다른 두 명의 군인은 풀려났다. 이 같은 재판 결과에 대해 국경 없는 기자회는 다음과 같은 성명을 통해 분명하게 입장을 밝혔다.

범죄를 사주한 자들이 아직도 나라를 통치하고 있는 데도 불구하고 명령을 이행한 자들만 처벌받는 그러한 정의에 우리는 결코 만족할 수 없다. 대통령의 고문이자 동생인 프랑수아 콤파오레가 대통령 경호실의 카팡도 조장에게 직접 전화를 걸어 우에드라오고를 체포하러 오라고 했는데도 그가 이번 사건에 아무런 혐의가 없다는 것은 이해할 수 없다. 게다가 프랑수아 콤파오레는 아직도 노르베르트 종고 사건 담당 판사의 조사도 받지 않고 있다. 이렇게 두 얼굴을 가진 정의는 1999년 5월, 대통령이 사건 관련자는 예외 없이 응당한 대가를 치를 수 있도록 정부는 모든 조치를 취할 것이라고 언급한 사실과 정면에서 배치된다. 명령을 이행한 자들만 처벌받았다. 우리는 부르키나파소의 국민과 함께 계속해서 정의 구현을 위해 힘쓸 것이다.

개입의 정당성

종고 사건과 관련된 우리의 활동은 그 진상을 밝혔다는 면에서 큰 성공이라고 평가할 만하다. 그리고 살인자들에게 내려진 유죄판결은 부르키나파소를 오랫동안 지배해왔던 '특권층은 범죄를 저질러도 처벌받지 않았던 악습'에 마침표를 찍는 첫걸음이었다고 할 수 있다. 많은 시간과 에너지를 요구했던 이 사건을 통해 우리는 어떤 교훈을 얻었을까. 몇 가지를 이야기할 수 있을 것 같다.

첫 번째는, 끈기가 대단히 중요하다는 사실이다. 한 나라에서 몇 달씩이나 머물면서 이만큼 깊숙이 한 사건에 집중했던 것은 이번이 처음이었으며, 결국 그런 노력은 의미 있는 성과로 이어졌다. 두 번째는, 백인이 아프리카에 와서 해야 할 일이 있는가 하고 의문을 제기하는 프랑스인과 아프리카인들에게 하나의 답을 제시했다는 것이다. 다시 말하면, 국경 없는 기자회 같은 국제적인 조직들도 현지 단체들만큼이나 의욕적이며, 오히려 그들보다 훨씬 더 훌륭하게 일을 해낼 수 있는 가능성을 매일 조금씩 증명해보였다는 것이다. 아프리카에서 우리가 백인이라는 사실이, 그 나라 국민들은 감히 건드릴 수 없는 권력자들에 대한 공격을 가능케 했으며, 또 스스로를 지켜주는 방어막이 될 수 있었다. 물론 그러한 공격이 아프리카 사람들에게는 어쩌면 자존심을 상하게 하는 문제일 수도 있다. 그렇기 때문에 우리는 그들의 자존심을 해치지 않으면서 연대할 수 있는 방법을 모색하고 있다.

사실 우리의 행동에 대해 누군가 '부당한 개입'이라고 한다면 그걸 인정할 수밖에 없다. 또 신식민주의[7]라고 이야기하는 사람이 있을지도 모르겠다. 하지만 그건 단지 이야기를 위한 이야기일 뿐이다. 정작 중요한 것은, 우리가 온갖 정성과 노력으로 목적을 달성했다는 사실이다. 그것이 본질이다.

외교 기밀 vs 언론 보도

8

동상이몽과 소란 피우기

노르베르트 종고 사건이 '특권층은 범죄를 저질러도 처벌받지 않는다'는 뿌리 깊은 악습에 대한 투쟁을 진전시켰다면, 이제부터 이야기할 브리스 플뢰티오 사건은 무엇보다 인도주의 측면에서 성공을 거둔 의미 있는 사건이었다고 할 수 있다.

1999년 10월 1일, 32세의 프리랜서 사진기자가 체첸 공화국[1]에서 납치되었다는 사실을 처음 알았을 때 우리는 몇 가지 이유로 신속하게 대처하지 못했다. 우리는 그가 툴루즈에서 주로 활동하는 프리랜서 기자라는 사실만 알았을 뿐 그에 대한 정보를 거의 갖고 있지 못했기 때문이다. 그가 정말 기자인지도 확신할 수 없었고, 또 이 사건이 발생한 뒤에 우리가 나서주기를 바라는 단체나 기관도 없었다. 이는 기자회가 누군가의 요구가 있어야만 행동한다는 뜻이 아니라 그만큼 이 사건에 관한 정보를 찾기가 어려웠고, 또 그런 정보를 제공할 만한 곳이 없었다는 의미이다. 우리가 그를 구출하기 위해 적극적으로 나서기로 결정한 것은 그의 가족을 만나면서부터이다. 우리는 그의 어머니 모니크와 아내 다나, 동생 세드릭과 함께 논의하면서 일을 진행했다. 이 사건과 관련해 프랑스의 외무장관은 입버릇처럼 똑같은 말만 되풀이했다.

우리에게 맡겨주세요. 우리는 언론에서 크게 떠벌리거나 뭔가 큰 사건을 다룬다는 식이 아니라 조용하면서도 신중하게, 그리고 대사관 내에서 (관련 당사국과) 대화를 통해 보다 효과적으로 사건을 처리할 것입니다.

하지만 결코 잊어서는 안 될 사실은, 우리가 미묘하고 어려운 사안과 맞닥뜨릴 때는 언제나 엘리제궁이나 외무부의 인권 책임자 혹은 언론 담당자들과 지속적으로 연락을 주고받는다는 것이다. 서로 의견이 다를 때도 있지만 그들의 조언이나 충고를 언제나 반대하지 않을 뿐더러 때로는 함께 힘을 모으기도 한다. 요컨대 그들을 포함해 우리 모두는 곤경에 처한 '어떤 사람들'을 지키거나 구하기 위해 존재한다는 사실에는 조금도 의심의 여지가 없다. 그래서 그들의 전략이 우리들보다 더 효과적이라고 생각되면 우리는 그들이 잘할 수 있도록 내버려두거나 간혹 보이지 않는 곳에서 간접적으로 지원 또는 응원을 하기도 한다.

브리스의 가족이 처음에는 외무부의 방침에 동의했기 때문에 우리는 주의 깊게 지켜보기만 했다. 하지만 몇 주가 지나도 아무런 변화도 없자 모니크와 다나, 그리고 세드릭은 의문을 품기 시작했다. 그리고 조심스럽게 다시 우리 쪽 의견을 물었다. 브리스 플뢰티오 전에도 이미 20여 명의 기자들이 체첸에서 납치당한 일이 있었기 때문에 우리는 이 사태의 성격에 대해 어느 정도 알고 있었다. 국경 없는 기자회의 유럽 담당인 알렉상드르 레비와 우리는 일단 러시아의 대통령 선거(2000년 3월 26일 블라디미르 푸틴이 당선된다) 전까지는 조용히 있는 편이 낫겠다고 판단했다. 프랑스 정부는 우리에게 "새로운 러시아 대통령의 등장으로 상황이 바뀔 것이다. 새 대통령은 체첸군이 장악하고 있는 지역에 자신의 영향력을 보여줄 필요가 있고, 또 서방 세계에 사의를 표명할 이유도 있기 때문에 인질 석방을 위한 행동에 나설 것"이라고 설명했다. 우리 역시 프랑스 정부의 인식에 공감을 표했다.

하지만 블라디미르 푸틴의 당선 이후 아무런 정세 변화도 없었다. 더 이상 기다릴 수 없었던 나는 결단을 내려야 했다. 경험상 우리가 자꾸 '소란'을 피우면 외무부가 움직일 수밖에 없다는 것을 확신한 나는 언론 보도를 통해 가능한 한 크게 소란을 피우기로 했다. 좌우파와 상관없이 외교관들은 여론이나 언론에 떠밀리지 않으면 결코 최선을 다하지 않는다. 베트남의 비에트 호아트 사건을 보더라도 그 사실은 명백했다.

우리 목적은 미국식 표현을 빌면, 브리스 플뢰티오 구출을 외무부의 가장 최우선 과제가 될 수 있게 만드는 것이었다. 유럽연합은 15개 회원국의 외교관이 각기 관계를 맺고 있는 나라의 정부 당국에 건네는 수감자 리스트를 항시 보유하고 있고, 또 미국도 독자적인 리스트를 가지고 있다. 따라서 수감자가 석방될 수 있는 가능성을 조금씩 높이기 위해서는 리스트 위쪽에 그 사람의 이름을 올려놓아야 하고, 그런 사실을 미디어에서 다루게 할 필요가 있는 것이다. 레바논에서 몇 달 동안 납치[2]된 바 있는 필립 로쇼와 장 폴 카우프만도 TF1 웹사이트와의 인터뷰를 통해 이 원칙을 확인한 바 있다. 장 폴 카우프만이 다음과 같이 언급했다.

아무리 많이 떠들어도 지나치지 않아요. 내 사건을 가지고 그렇게 떠들어대지 않았더라면 나는 아마 이 자리에 없었을 겁니다. 납치범들도 그걸 알고 있었기 때문에 나에게 신경을 써주었죠. 나도 그 사실을 알게 되었고, 그게 내 정신건강에도 크게 도움이 되었습니다. 귀국해서도 그 사실이 내게 도움이 되더군요.

어쩔 수 없는 선택

3월 초, 우리는 브리스 가족과 동생 세드릭의 친구들이 만든 지원 위원회의 협력을 얻어 활동의 폭을 조금씩 넓혀갔다. 우선 우리는 파리의 사진미술관에서 브리스의 사진전을 개최하기로 했다. 사진전 전날에 열린 리셉션에 많은 언론이 찾아와서 관심을 표명했다. 위베르 베드린 외무장관도 직접 찾아왔다. 그 다음으로 우리는 브리스를 구출하기 위한 탄원서에 서명을 촉구하는, 장 뤽 에스가 만든 30초짜리 라디오 광고를 프랑스 앙테르에 내보냈다. 그리고 우리는 기자회의 적극적인 협조자이자 지지자인 광고회사 알리스에서 제작한 커다란 포스터를 내걸고 대대적인 캠페인을 시작했다. 포스터의 문구는 다음과 같았다.

브리스 플뢰티오, 브리스 플뢰티오, 브리스 플뢰티오, 그의 이름을 계속 부르면 그는 반드시 돌아올 것입니다.

포스터 디자인비도 그랬지만 인쇄비도 우리를 위해 대신 지불해주는 사람이 있었다. 기자회의 홍보 담당인 올리비아 브리요가 포스터 게재 장소를 물색한 끝에 각 언론사와 대사관, 정부 부처들과 가까운 곳들을 찾아냈다. 그리고 당시 교육부 장관이었던 자크 랑의 동의 하에 대학생활 지원센터 건물 위에 22미터 높이의 거대한 옥외 광고판도 세웠다. 그와 동시에 브리스 지원 위원회에서는 앙키 빌랄이 그린 작은 포스터를 만들어 프랑스 전역에 배포했다. 이 포스터의 내용 역시 브리스의 석방을 촉구하는 것이었다. 마지막으로 우리는 광고회사 카파의 도움을 얻어 텔레비전 캠페인도 벌였는데, 외무부를 통해 브리스의 가족에게 전달된 비디오테이프 중에서 충격적인 장면들을 텔레비전을 통해 내보냈다. 브리스는 화면 속에 제발 살려달라고 빌었다. "제발, 제발, 나를 위해 뭐라도 해주세요……." 화면은 약간 흐릿했지만 매우 강렬했고, 시청자들이 받은 충격은 대단히 컸다. 자신의 의지에 반해 7개월이나 억류되어 있는 이 젊은 프랑스인을 모르는 사람은 이제 더 이상 없었다.

많은 사람들이 우리에게 전화로 편지로 지지와 협력을 약속했다. 여론을 환기시키는 데 성공한 것이다. 위베르 베드린 외무장관이 상황을 설명하기 위해 나와 이사장인 노엘 코뱅, 그리고 클로드 무아지를 외무부로 불렀다. 그는 우리가 너무 앞서가고 있다면서, 우리가 떠들면 떠들수록 인질의 몸값만 올라가고, 석방 교섭도 점점 더 복잡해진다고 설명했다. 나는 장관의 뜻을 이해할 수 있었지만 선뜻 받아들일 수는 없었다. 나는 서로의 입장을 이해하면서 역할 분담을 하면 된다고 생각했다. 외교관은 외교를 하고, 기자회는 기자회의 일을 하면 되는 것이다.

물론 나도 외교관들이 쉽게 이야기하지 못하는 사정을 이해한다.

또 알고 있으면서도 하지 못하는 말이 있다는 것도 알고 있다. 조직의 대표이자 기자인 나 역시도 다른 기자들에게 어떤 사안은 가능하면 언급하지 말아달라고 부탁할 때가 있다. 그러나 우리가 외무부의 입장을 최대한 고려하거나 동일한 입장에서 생각할 수는 없는 일이다. 외무장관과 만나고 며칠이 지난 뒤, 우리는 플뢰티오의 이름이 외무부의 구출자 리스트에서 가장 상위에 올라 있다는 사실을 알았다. 이런 사실에 고무된 우리는 조금 더 앞으로 나가기로 했다. 2000년 5월 29일, 국회에 참석하기 위해 모인 파리 지역 의원들에게 브리스의 얼굴이 새겨진 배지를 착용해달라고 부탁했다. 베르트랑 들라노에와 장 티베리를 비롯한 대부분의 의원들이 우리의 제안을 받아들였다. 하지만 얼마 뒤에 우리 행동이 도를 넘어섰다는 이유로 비판받기도 했다. 그렇다면 브리스의 가족들은 우리 행동을 어떻게 생각했을까. 아내인 다나는 우리가 결코 심하다고 생각하지 않았다.

우리가 체첸에서 브리스 이전에 억류된 19명의 인질들을 위해서는 하지 못했던 행동을 브리스 사건에서 할 수 있었던 것은 어쩌면 당연한 것이었다. 19명의 인질이 모두 프랑스인이 아니었기 때문에 설사 우리가 그들을 구출하기 위해 나섰더라도 대중이나 언론은 아무런 관심도 갖지 않았을 것이다. 사실 이런 경우에 회의감이 들기도 한다. 단지 프랑스인이 아니라는 이유로 한 개인의 처절한 억류 생활이 무관심의 대상이 된다는 것은 결코 있을 수 없는 일이다. 하지만 대중의 무관심을 탓할 수만은 없다. 극단적으로 말하면, 구출해야 할 모든 사람에게 관심을 갖는 것은 불가능하다. 그렇기 때문에 우리 같은 조직이 존재하는 게 아닌가. 만유인력의 법칙이 변하지 않는 것처럼, 자국민에게는 큰 관심을 갖지만 그렇지 않은 사람에게는 무관심한 현실은, 유감스럽긴 하지만 결코 바뀌지 않는다. 만약 브리스가 스위스 사람이라면 그를 구하기 위한 캠페인은 스위스에서 먼저 해야 할 것이다.

2000년 5월 24일, 시에라리온에서 살해된 미구엘 질 모레노와 커트 쇼크, 두 기자의 예[3]-를 들어보자. 프랑스 언론에 감동적인 관련 기사들이 실렸고, 그 기사들은 모두 두 기자를 알거나 그들과 함께 일한 사람들이 쓴 것이었다. 그 전 해에 AP통신[4]-의 기자 한 사람이 시에라리온에서 죽었을 때와는 완전 딴판이었다. 프랑스에서는 아무도 그를 알지 못했다.

브리스 플뢰티오 사건은 국경 없는 기자회가 당시 상황에 대해 발언할 수 있는 절호의 기회를 제공했다. 당시 기자를 인질로 삼는 사건들이 자주 발생했고, 그 같은 일은 분쟁지역의 보도를 막기 위한 위협적인 수단으로 악용되었다. 기자들이 잡혀가는 상황에서 누가 과연 체첸에 기자를 계속 보낼 수 있을까. 거의 없다. 설사 있다 하더라도 러시아군이 준비한 여정에 동행하는 경우이거나 체첸군의 경호를 받고 함께 움직이는 정도이다. 왜 직접 취재에 나서지 못할까. 현실적으로 보면, 체첸에 6~700명의 인질들이 잡혀 있기 때문이다. 그렇다면 콜롬비아의 경우는 어떨까. 콜롬비아는 무려 2천 명이라는 기록적인 숫자의 인질이 상시적으로 존재하는 나라이다. 물론 인질이 기자가 아닌 평범한 농사꾼일 경우에는 아무도 그의 운명에 대해 관심 갖지 않는다는 사실은 실로 개탄할 만하다. 그런 경우에는 정말 안타깝지만 우리도 어쩔 도리가 없다.

우리의 고민은 일반적인 상황에서 사람들이 관심을 갖게 하는 특정한 사건이 언론에 보도되도록 하는 것과, 다른 모든 것을 잊게 하는 지나친 스타화 사이의 균형을 잡는 일이다. 내가 인터뷰를 통해 브리스 플뢰티오가 체첸에서 납치된 스무 번째 기자이며, 블라디미르 야치나는 납치범에게 처형되었다는 사실을 반드시 언급하는 것도 바로 이런 이유 때문이다. 물론 나는 상황의 이면에 놓여 있는 진실을 보지 못할 만큼 단순하지는 않다. 우리가 브리스라는 인물을 전면에 내세우는 방식을 택하는 바람에 다른 피해자들의 운명이 부분적으로나마 지워졌다는 사실도 잘 알고 있다. 그렇다면 다른 어떤 좋은 방법이 있을까. 브리스 때문에 순위가 뒤로 밀려난 다른 희생자 모두를 내세울 수 있는 방법이 있을까. 설사 있다 해도 누가 그 모두를 기억하고 다뤄줄 수 있을까. 현실적으로 말하자. 모든 인질에게 지면을 할애해줄 수 있는 언론은 존재하지 않는다. 아마 기자들은 본능적으로 인질 중에서 가장 상징적인 인물 하나를 선택하려 할 것이다. 이런 사실은 인정하고 싶지 않지만 인정할 수밖에 없는 현실이다. 누군가 변명이라고 비판해도 어쩔 수 없다. 그래서 우리는 브리스라는 인물을 부각시켰던 것이다. 만약 브리스라는 존재가 없었다면 우리는 체첸 상황을 둘러싼 언론의 문제도 제기하기 못했을 가능성이 높다.

무대 뒤에서 벌어지는 일들

우리의 노력에도 불구하고 여름이 다가왔고, 브리스 플뢰티오는 아직도 납치범들의 수중에 있었다. 부인 다나가 《파리 마치》[5]-의 기자와 함께 체첸에 들어갔다. 그녀는 일단의 체첸 병사들을 만났지만 그들이 브리스를 납치한 사람들인지 확실히 알지 못했다. 그래서 며칠 뒤 다시 현지로 날아가 병사들과 접촉을 시도했다. 그녀는 자신이 교섭하고 있는 상대가 거짓말을 하고 있는지 여부를 확인하기 위해 한 가지 방법을 생각해냈다. 즉 현재 병사들이 억류하고 있는 사람이 브리스인가를 확인하기 위해 인질에게 자신과 딸의 별명이 무엇인지 물어봐달라고 부탁했다. 만약 병사들이 이 패스워드를 제대로 맞히면 브리스가 살아 있다는 증거가 될 것이고, 그렇게 생존이 확인되면 몸값으로 요구한 150만 달러를 가지고 오겠다고 약속했다. 병사들은 다나의 제안을 받아들이고 자리를 떴다. 하지만 다나가 정한 48시간이 지났음에도 불구하고 병사들은 다시 돌아오지 않았다. 크게 낙담한 다나는 프랑스로 돌아올 수밖에 없었다.

귀국한 그녀와 우리가 함께 식사를 기회가 있었다. 그녀는 오랜 바캉스가 그 동안 우리가 해왔던 노력들을 모두 물거품으로 만드는 게 아닌지, 그래서 사람들이 브리스를 잊게 되는 것은 아닌지 많이 걱정했다. 그녀는 아무것도 할 수 없었다. 게다가 외무부에서는 그녀가 《파리 마치》에 기사를 싣게 함으로써 협상을 더 복잡하게 만들었다고 질책했다. 우리는 점점 비관주의에 빠져들었다.

그로부터 이틀이 지난 6월 11일, 극적인 반전이 일어났다. 브리스 플뢰티오가 갑자기 석방되었던 것이다. 러시아 당국의 공식 발표로는, 내무부 소속 정예부대의 특수작전으로 브리스가 아무런 몸값도 지불하지 않고 석방되었다는 것이다. 얼마 뒤에 프랑스로 귀환한 브리스도 자신이 아무 일 없이 풀려났다는 사실을 확인해주었다. 그는 자신이 3개월의 협상 끝에 러시아에 감금되어 있던 체첸의 지도자 한 사람과 맞교환된 것으로 알고 있었다. 하지만 사실은 달랐다. 파리나 모스크바에서는 몸값을 전혀 지불하지 않았다고 이야기했지만 그건 불가능한 일이다. 브리스 이전에 풀려난 기자들은 몸값을 지불한 뒤에 석방되었으며, 실제로 다나가 현장에 갔을 때도 체첸 병사들은 일정한 몸값을 요구했다. 푸틴 대통령이 프랑스 비밀요원들과의 협조를 치하했음에도 불구하고 외무부는 이 협상에 전혀 관여하지 않았다고 거짓말을 했다. 하긴 그런 거짓말쯤은 그리 중요한 게 아니다. 중요한 사실은 브리스가 9개월간의 억류 끝에 마침내 자유의 몸이 되었다는 것이다.

브리스의 귀환으로 국경 없는 기자회와 외무부 사이에 또 다시 불꽃 튀는 싸움이 시작되었다. 6월 11일 오후 4시, 툴루즈에서 파리로 올라온 다나의 요청으로 국경 없는 기자회 본부에서 기자회견이 열렸다. 그런데 회견 직전에 당국은 브리스가 체첸에서 풀려나 이동 중이며, 현재 다나를 모스크바로 데리고 갈 군용 비행기가 준비되어 있다고 알려왔다. 우리는 본부 건물에서 성명 발표를 기다리는 수많은 기자들 앞에 서 있었다. 나는 이번 석방이 여러 가지 극적 요소들이 더해져서 이루어낸 값진 결과라고 설명했다. 끝내 희망을 잃지 않은 브리스 가족의 단결과 친구들의 노력, 그리고 기자회와 외무부의 노력을 언급했다. 그리고 "모두가 아는 것처럼 외교관들은 여론의 압력이 그들 등 뒤에 있다고 느낄 때 더 잘 움직입니다. 정치인들이 대중들의 압력이 있을 때 더 효과적으로 움직이는 것과 마찬가지입니다. 이 사건의 경우, 언론에서 대대적으로 보도한 것은 충분한 의미가 있습니다. 브리스의 석방이 그 좋은 증거입니다" 하고 덧붙였다.

외무부는 내 발언을 상당히 좋지 않게 받아들였다. 솔직히 말하면, 나름대로 작심을 하고 한 말이었다. 사실 언론 보도나 국경 없는 기자회가 없었다면 외무부는 아무것도 하지 못했을 것이다. AFP와의 인터뷰에서 위베르 베드린 외무장관은 내 발언이 지극히 무례하다고 언급했다. 하지만 내가 보기에 외교관들은 국제관계가 오로지 자신들에 의해서만 해결되던 시절에 대한 향수를 갖고 있는 것 같다. 그들은 일을 하는 데 반드시 필요한 두 주역, 즉 언론과 NGO와 함께 일하기보다는 오히려 자신들과 코드가 맞는 적진의 외교관과 단독으로 이야기하는 것을 더 선호하는 모양이다.

다나와 함께 멀리 러시아에서 귀환하는 브리스를 맞으러 빌라쿠 블레 공군기지에 도착했을 때 그곳의 분위기는 우리에 대한 적의로 가득했다. 비행기가 착륙할 활주로에 들어갈 수 있도록 허락된 사람들의 리스트에 우리 이름이 빠져 있을 정도였다. 한참 동안 싸운 뒤에 우리는 착륙 활주로에 들어갈 수 있었고, 거기서 외무부에서 나온 사람들에게 말을 붙여보려 했지만 그들은 도무지 귀를 열려 하지 않았다. 물론 그때 이후로 국경 없는 기자회와 프랑스 외무부는 다시 예의를 지키는 관계로 돌아갔다. 우리가 지켜내고자 하는 기자들을 위해서는 외무부와 우리 사이에 그와 같은 논의와 협력이 반드시 필요하기 때문이다. 우리가 그런 사실을 분명하게 알고 있는 것처럼 지금은 외무부도 그런 사실을 잘 알고 있을 것이다.

언론자유의 새로운 적들

9

누가 언론을 억압하는가

현재 유엔에 가입해 있는 약 189개국 중에서 절반 정도의 나라에서
는 언론자유가 온전하지 않으며, 또 몇몇 나라에서는 언론자유가 전
혀 존중받고 있지 못하고 있다. 그럼에도 불구하고 국경 없는 기자회
가 창설된 1985년 이후 언론자유가 급격하게 신장된 것도 사실이다.
특히 베를린 장벽 붕괴로 인해 자유의 바람이 빠르게 확산되고 있다.
프랑스의 경우 언론은 이전보다 더욱 자유로워졌지만 사회체제의 입
장에서 보면 어떤 의미에서 오만방자해졌다고 할 수 있다. 잡지 '사
슬에 묶인 오리' 라는 제호를 가진 《카나르 앙셰네》만이 권력자에 맞
서 싸웠던 시대는 이미 종말을 고했다. 전통적으로 신중한 입장을 보

이며 사회의 균형추 역할을 해왔던 〈르 몽드〉도 그때 이후로 대형 스캔들을 터뜨리는 데 주저하지 않게 되었다. 이 역시 언론자유가 진전된 결과라고 하지 않을 수 없다.

유럽의 경우를 보면, 폴란드 일부 언론들은 여전히 편협한 신앙심에 사로잡혀 있고[1]-, 루마니아의 일부 언론들은 공개적으로 반유대주의를 주창하고[2]- 있지만 전반적으로 유럽에서는 언론이나 표현의 다양성이 보장되고 있는 편이다. 르완다나 리비아, 튀니지처럼 언론자유가 아예 존재하지 않는다고 할 수밖에 없는 나라들을 예외로 한다면 아프리카에서도 많은 진전이 있었다. 특히 1990년대 민주화의 물결 이후 그와 같은 현상은 더욱 두드러지게 나타나고 있다. 하지만 언론자유가 크게 신장된 것에 비해 신문 등의 기사의 질이 그만큼 뒤따르지 못하는 것도 현실이다.

남미에서도 쿠바를 제외한 여러 국가에서 독재정권이 잇달아 무너지면서 정치적 다원성이 실질적으로 존재하게 되었다. 유럽이나 남미, 아프리카 세 대륙에서 직접적인 검열은 사라졌다. 물론 보다 교묘한 형태로 그 모습을 바꾸긴 했지만 말이다. 한 예로 세르비아에서는 1998년 10월에 제정된 법률에 따라 신문사에 과중한 벌금형을 부과함으로써 결과적으로 신문 발행을 금지시키는 것이 가능하게 되었다. 그리고 1999년 우크라이나에서는 명예훼손을 이유로 신문사에 청구된 손해배상액의 총계가 국가 예산의 세 배가 넘는 경우도 있었다. 그 밖의 몇몇 나라에서는 상당히 제약이 많은 법률을 제정하기도 했다. 이와 같은 법률은 결국 언론자유를 방해하는 기제가 될 것이다. 예를 들어 기자가 그런 법률에 의해 기소되면, 당국은 피고인이 기본적인 법률을 위반했으며, 그럼에도 공정한 재판을 받을 수 있다고 주장할 수 있다는 점에서 당국에 유리하다는 것이다. 물론 이 같은 형태의 언론통제 기술이 존재한다 하더라도 일반적으로는 다양한 의견을 자유롭게 표현할 수 있는 언론자유가 크게 신장된 것만큼은 숨길 수 없는 사실이다.

하지만 아시아 쪽은 공산주의 국가든 아니든 관계없이 이러한 흐름을 따르지 않고 있다. 일본이나 필리핀, 인도 같은 나라를 제외하면 언론자유가 진전된 나라는 찾아보기 어렵다. '아시아적 가치' 라는 이름 하에 인권이나 언론자유와 연관된 모든 것들은 '아시아에는 맞지 않는 서양적 사상' 이라는 이유로 거부당하는 것이다. 게다가 일부 국가의 독재체제는 아시아에서 인간 개인의 입장은 각 나라마다 다르며, 개인의 권리는 집단의 이익에 종속된다는 논리를 편다. 하지만 이 같은 주장은 모든 악습을 정당화해버리는 지극히 위험한 논리라고 하지 않을 수 없다.

일부 이슬람 사회 역시 개인의 권리를 인정하지 않는 세계로 남아 있다. 그 사회에서는 민주주의가 시민권으로 거의 인정되지 않는 것과 마찬가지이기 때문에 언론자유가 어떤 상황에 처해 있는지 외부에서는 쉽사리 들여다볼 수가 없다.

오늘날 우리를 둘러싸고 있는 중요한 문제들은 역설적이게도 사회
환경을 점차 개선해나가는 과정에서, 혹은 그러한 활동의 결과에서
비롯된 것이라고 할 수 있다. 현재 활동하고 있는 많은 인권단체들은
동구 공산권이나 남미 독재정권에 이의를 제기하는 과정에서 탄생했
다. 베를린 장벽이 무너지기 전까지 우리는 성명서나 항의문을 직접
전달할 수 있는 외교관이나 대사관 같은 실체로서 존재하는 국가를
상대로 싸워나갔다. 우리에게는 나름대로 상대를 직접 만나서 이야
기할 수 있는 통로가 있었던 것이다. 그 어떤 나라도 국제무대에서
노출되는 자국의 이미지를 완전히 무시할 수 없기 마련이다. 때문에
인권수호가 주된 목적인 NGO가 해당 국가에 대해 나쁜 선전을 하는
역할을 했던 것이다.

   하지만 이제 우리가 상대해야 하는 적은 바뀌었다. 이제 우리는
콜롬비아의 마약밀매 조직이나 모스크바의 범죄자들 같은 게릴라나
마피아 등과 맞서 싸워야 한다. 오늘날 기자들을 납치하거나 살해하
는 것은 대부분 그들의 소행이기 때문이다. 그렇다면 우리가 칼리
카르텔[3]나 메데인 카르텔[4]에 어떻게 접근할 수 있을까. 러시아의
마피아[5]나 인도 북부 캐시미르 지역의 분리독립주의자들[6]에게 어
떻게 압력을 행사할 수 있을까. 우리에게는 싸울 무기가 없다. 국제

협약을 준수하지 않는 나라를 미디어를 통해 폭로하는 것은 그리 어렵지 않은 일이지만, 그들이 아무렇지도 않게 행사하는 사적인 폭력에는 별다른 규칙이 존재하지 않는다. 앞으로 우리 기자회가 무엇보다 먼저 해결해야 할 일은, 지금 눈앞에 새롭게 등장한 언론자유의 새로운 적들에게 어떻게 다가설 수 있는지 그 방법을 모색하는 일이 될 것이다. 그들에게 인질 교환의 수단을 묻기 위해서라도 그들을 어디에서 찾을 수 있으며, 또 그들을 어떻게 만날 수 있는지 알아야만 하는 것이다.

아직도 해결해야 할 어려운 문제들이 많이 남아 있다. 우리가 작성한 성명서나 항의문을 어디에 전달해야 좋을지 모르는 경우도 점점 더 늘어나고 있다. 마약 밀매상들이 저지른 범죄 때문에 콜롬비아 당국을 비판하는 편지를 쓸 수도 없는 노릇이다. 우리가 어떤 나라에 부탁할 수 있는 유일한 요구는 기자들을 지금보다 더 잘 보호해달라는 것밖에 없다. 한 가지 예를 들어보자.

스페인이라는 잘 알려져 있는 나라와 그 나라에서 분리 독립을 요구하는 바스크의 조국과 자유(ETA)[7]-이라는 무장그룹이 있다. 이들의 분쟁으로 현재 스페인에는 100여 명의 기자들이 경찰의 보호 하에 살고 있는 실정이다. 우리가 무력하다는 사실을 고백하지 않을 수 없지만, 이 무장그룹은 자신들의 전략상 적으로 볼 수밖에 없는 기자들을 살해하고 있다. 이런 그들에게 더 이상 기자들을 죽여서는 안 된다는 메시지를 전달하기 위해 국경 없는 기자회는 어떤 일을 할 수 있을까. 우리도 어떻게 해야 할지 모르겠다. 모든 인권단체들이 같은 문제에 봉착해 있다. 그리고 사람을 죽이고도 처벌을 받지 않는 일이 늘어나는 것도 문제이다. 지난 15년 동안, 750명의 기자들이 암살당했으며, 그중 95퍼센트가 아무런 처벌도 받지 않았다.

우리는 전쟁의 성격이 변하고 있다는 또 다른 문제에 직면해 있다. 이전과 같은 전선이 사라진 대신 오늘날 기자들이 하는 모든 취재 행위가 극도의 위험에 노출되어버렸다는 것이다. 지금도 그렇지만 앞으로도 기자들은 명확한 표적이 될 것이다. 반군이든 정부군이든 어느 쪽도 언론을 자기편으로 만들거나 침묵하게 만들 필요성이 있다는 사실을 깨달은 것이다. 이유는 간단하다. 전쟁의 승패가 언론의 손에 달려 있기 때문이다. 과거 유고슬라비아에서는 '언론 보도의 전선'에 서 있다는 이유만으로도 죽임을 당하기도 했다. 정말로 많은 기자들이 죽었기 때문에 우리는 저격수들이 있는 지역에서 어떻게 이동하면 좋은가를 알려주는 가이드북을 펴낼 정도였다. 젊은 기자들로 하여금 그들의 선배였다면 결코 범하지 않았을 잘못을 피하게 하려는 의도였다.

민주주의 사회에서는 '방해꾼'들을 없애는 것이 불가능하기 때문에 권력자들은 그들을 통제하거나 조정하려고 애쓴다. 예를 들어 미군은 죽은 동료 병사의 시신을 비행기로 수송하는 장면을 일부러 카메라에 노출시켜 '트라우마(trauma)'를 자극한다. 즉 미국인들에게 베트남전이나 소말리아[8] - 내전에서 계속 봐왔던 그와 같은 이미지를 통해 자신들이 얼마나 희생을 당하고 있는가를 알려주는 것이다. 하지만 더 이상의 촬영은 허락되지 않는다. 그 대신 군대와 함께 움직여야 하는 풀 취재단을 구성함으로써 정보의 유통을 현저하게 제약하는 것이다. 이러니 체첸에서 벌어지는 전쟁 상황을 사람들의 눈에 띄지 않기를 바라는 러시아인들에 대해 과연 뭐라고 이야기할 수 있을까. 그들은 기자들이 일을 제대로 할 수 없도록 모든 방법을 동원함으로써 그 목적을 달성하고 있다. 그 결과 그 전쟁에 관한 영상은 거의 존재하지 않는 것처럼 되어버렸다.

이런 상황이다 보니 기자들이 발을 들여놓기 힘든 금단의 영역이 점차 늘어나고 있다. 예를 들면 현재 콩고 동부에서 무슨 일이 벌어지고 있는지 아는 사람이 얼마나 있을까. 르완다나 우간다 군인들과 동행하지 않고 독자적으로 현장에 들어가는 기자들이 몇이나 될까. 알제리의 이슬람 구국전선(FIS)[9]이나 무장 이슬람 그룹(GIA)[10]을 취재하는 기자들은 또 얼마나 있을까. 이처럼 기자들이 자신들의 일에 몰두할 수 없는 데에는 몇 가지 현실적인 이유가 있다. 첫 번째는, 앞서 언급한 대로 전통적인 전선 개념의 부재이다. 종래의 전쟁 취재도 어려움이 있긴 했지만 오늘날 게릴라가 출몰하는 지역에서의 취재는 목숨을 걸어야 할 만큼 위험하다. 실제로 지금 취재를 위해 함께 움직이는 게릴라들이 자신을 지켜줄 것이라는 확신조차 갖기 어려운 것이다. 이런 상황이다 보니 어느 누구에게도 관심을 끌지 못하는 정보를 세상에 전하기 위해 왜 목숨을 걸고 취재에 나서

겠는가. 그러니 투르크메니스탄이나 우즈베키스탄, 콩고의 키브 같은 곳에서 어떤 일이 벌어져도 사람들은 아무런 상관도 없다고 생각하는 것이다!

옛날과 비교하면 세계는 훨씬 더 좁아져 마치 하나의 도시처럼 되어버렸다. 그리고 그곳에서 무슨 일이 벌어지고 있는지 한 순간에 알게 된다는 의미에서 흔히 '지구촌'이라는 말을 사용하기도 한다. 하지만 나는 그 말을 들을 때면 쓴웃음을 짓게 된다. CNN의 출현으로 세계 도처에서 벌어지는 일들을 실시간으로 알게 되었다고 떠들어대지만 그건 명백한 거짓말이다. 오히려 정반대이다. 이 같은 현실을 고려하면 기자들을 지키는 조직은 한 가지 큰 문제와 맞닥뜨리게 된다. 예를 들면, 전쟁 취재에 나선 언론 종사자들이 다른 사람들과 구별되는 뭔가 특정한 표식을 사용해야 하는가 하는 여부이다. 우리는 기자들이 만약 이런 표식을 사용하면 오히려 표적이 될 위험이 있다고 걱정하는 입장이다. 하지만 우리와 달리 그런 표식을 함으로써 최소한의 안전을 보장받을 수 있다고 생각하는 사람들도 있다. 하긴 과거 전쟁터에서 기자들이 군인으로 오인을 받는 경우도 종종 있었다. 지금 기자들은 민간인과 같은 취급을 받고 있다. 그렇다고 그들을 전쟁터에서 활동하는 인권단체의 활동가들과 동일하게 대해야 할까. 사실 그렇게까지 하기는 어렵다는 게 내 솔직한 생각이다.

생존의 최소조건

국경 없는 기자회가 처음 만들어졌을 때 연간 예산은 3만 유로에 불과했다. 1993년 유럽연합의 지원과 함께 기자회의 지명도가 점차 높아지면서 예산도 계속 늘어나 현재는 약 150만 유로 수준이다. 이 돈은 연간 450에서 500건 정도의 인권침해 사례 조사나 미디어 지원, 투옥된 기자들의 가족들을 돕는 일에 사용된다. 우리는 매년 언론기관이 필요한 기자재를 조달하기 위한 융자나 변호사 비용, 부상당한 기자들의 치료비에서부터 보석금 등에 이르기까지 수십 가지 항목의 비용을 아낌없이 부담했다. 그중에서 보석금(사실 몸값이라고 해야 더 적당하겠지만) 지불은 언제나 판단하기가 쉽지 않다. 왜냐하면 기자를 억류하고 있는 세력이 만약 보석금을 지불하는 사람이 수감자나 그 가족이 아니라는 사실을 알면 그 액수가 열 배도 넘게 뛰어오르기 때문이다. 실제로 에티오피아에서 어떤 NGO가 그 비용을 지불하면서부터 액수가 확 뛰어올랐다. 따라서 우리의 지원 대상에서 제외된 사람들은 도저히 감당할 수 없는 상황이 되어버린 것이다. 그렇다면 이런 부작용을 우려해서 보석금을 대신 내주지 말아야 할까. 그건 나도 잘 모르겠다.

하여간 이런 일에 들어가는 비용을 빼고 나면 실제 운영에 쓰는 비용은 매우 적다. 직원들의 급여도 지극히 합리적인 금액으로 지불

한다. 예를 들면, 월급을 제일 적게 받는 사람은 1천 200유로, 제일 많이 받는 사람이 2천 500유로 정도이다. 사실 급여가 적은 것도 문제이다. 직원들이 언제까지나 참아주지는 않을 것이다. 많은 사람들이 돈 문제 때문에 우리를 떠나고, 그 때문에 국경 없는 기자회라는 조직의 귀중한 경험이 축적되지 못하는 것이 현실이다.

여러 어려움 속에서도 우리는 많은 현물 지원을 받고 있다. 예를 들면, 후원자들은 광고 지면을 무료로 제공해주기도 하고, 출판물 인쇄비 등을 받지 않기도 한다. 또 벨리니 그룹[11]에서는 무료로 보험을 들어주고, 에어 프랑스는 비행기 티켓을 무료로 제공하기도 한다. 아그파나 비벤디 재단에서는 장비를 제공하고, 프랑스 재단이나 아쉐트 재단에서는 벽보 광고를 지원해준다. 무료로 제공되는 모든 것들을 우리 예산으로 지불해야 했다면 최소한 600만 유로 정도가 필요했을 것이다. 이런 많은 지원에도 불구하고 국경 없는 기자회 같은 조직이 활동 자금을 마련하는 것은 결코 쉬운 일이 아니다.

아무리 훌륭한 일이라 할지라도 어떤 주장을 위해 일개 기업이 8천 유로나 1만 5천 유로를 쉽사리 내줄 것이라고 생각한다면 그건 큰 오산이다. 지난 15년 동안 나는 매일같이 수많은 회사의 문을 두드렸다. 그리고 그들을 만나서 부탁하고 설득했다. 그때마다 우리가 기자들의 이익만을 생각하는 조직이라는 반복되는 오해를 풀어야만 했다. 물론 시에라리온에서 14명의 기자들이 죽었다는 사실은 엄청난 것이다. 하지만 기자들과 달리 내전의 와중에서 아무런 선택조차 할 수 없었던 많은 사람들이 겪어야 했던 어려움과 비교한다면 별 의미 없는 숫자일 수도 있다. 하지만 우리는 그런 생각에 대해 이렇게 반론한다.

기자들을 죽이는 것은 우리 모두에게 도움이 되는 언론자유에 대한 위협을 의미한다. 언론의 자유가 없으면 우리 모두는 침묵을 강요당하게 된다. 기자들을 지키는 것은, 단지 기자들만의 이익을 지키는 것이 아니라 언론자유를 위한 투쟁인 것이다!

언제나 부족한 재정을 확충하기 위해서는 때로 뭔가를 만들어낼 줄도 알아야 한다. 가령 이런 식이다. 1998년 프랑스에서 월드컵이 열렸다. 나는 대회 주최 측이 경기 때 사용한 축구공을 어떻게 처리하는지 궁금했다. 그래서 주최 측과 접촉했다. 몇 차례의 토론 끝에 피파(FIFA)는 프랑스와 크로아티아의 준결승 경기에 사용했던 축구공을 우리에게 주기로 했다. 우리는 그 축구공을 경매에 붙여 3만 7천 유로의 수입을 올렸다. 물론 이런 수입들은 일회성에 불과한 것이기는 하다.

우리의 주된 수입원은 1년에 두 차례 사진집을 판매하는 것이다. 이 사진집은 다섯 개 언어로 세계 30개국에서 판매된다. 사진집의 인쇄비 7만 5천 유로는 대형서점인 프낙에서 댔고, 유통은 공동판매회사(NMPP)[12]에서 맡아주었다. 이렇게 함으로써 우리는 권당 정가

6유로의 판매가를 거의 전부 회수할 수 있었다. 로베르 델피르와 그의 동료들이 만든 사진집이 나왔을 때는 무료로 광고 지면을 제공받았음에도 불구하고 우리는 별도 비용을 들여 직접 광고를 하기도 했다. 우리 이사회에서 사진집 판매를 위한 광고비용이 과도하게 집행되었다고 지적한 사람도 있었지만 그렇다고 비판을 하지는 않았다. 그 이유는 사진집 판매를 위한 홍보가 결국 국경 없는 기자회가 지향하는 본래의 활동을 더욱 촉진하는 것이기 때문이다. 우리는 "이 사진집에 등장하는 서른여섯 명의 기자들은 여러분이 이 책을 사든 사지 않든 크게 개의치 않을 겁니다. 왜냐하면 그들은 올해 모두 죽었기 때문입니다" 하는 안타까운 설명과 함께 사진집을 사람들에게 홍보했다. 그와 동시에 기자들이 하는 일이 얼마나 어려우며, 때로는 목숨을 걸어야 한다는 사실을 사람들에게 조금이라도 더 알리기 위해 노력했다.

새로운 시대, 새로운 운동방식

우리가 효과적으로 활동을 하기 위해서는 광고나 마케팅 같은 지금 시대의 방법들을 능숙하게 구사할 수 있어야 한다. 물론 지금과는 다른 방법으로 활동했던 과거 시대를 그리워하는 사람들에게는 애석한 일이겠지만 말이다. 나는 기자들의 다양한 활동이나 다른 나라에서 일어나는 사건들을 알리기 위해 우리가 여러 방법들을 동원하는 일이 조금도 부끄럽지 않다고 생각한다.

1999년 12월, 노르베르트 종고 사망 1주년을 맞아 우리는 진상 조사가 어느 정도 진전되었는지 알리기 위해 아프리카의 한 지방지에 광고를 게재했다. 이 광고는 우리에게 일석삼조의 효과를 가져다주었다. 첫째는 광고를 함으로써 미약하나마 그 신문을 도왔다는 것, 둘째는 노르베르트 종고 죽음의 진상이 아직도 밝혀지지 않았다는 사실을 독자들에게 알린 것, 그리고 마지막으로 이 기회를 통해 우리의 존재를 각인시킨 것, 이렇게 세 가지이다. 많은 비용이 들지는 않았지만 이 같은 캠페인이 본질적으로 우리 활동과 얼마나 밀접하게 관련되어 있는가를 증명해준다. 실제로 브리스 플뢰티오 사건을 언론에 알림으로써 우리는 한 사람의 기자를 지켜냈을 뿐 아니라 국경없는 기자회의 인지도를 높일 수 있었다. 나는 이처럼 하나의 사건에 게재되어 있는 다양한 의미들을 적극적으로 받아들였다.

어떤 조직의 존재가 유명해지면 유명해질수록 그 조직의 실질적인 힘은 더욱 커지기 마련이다. 우리가 제작한 광고가 누군가를 불편하게 만들거나 때로 공격적인 성향을 보이는 것도 바로 그런 이유 때문이다. 지난 3년 전부터 기자회의 광고를 제작하는 알리스는 요즘 한창 뜨고 있는 광고회사이다. 그래서 우리가 그런 회사에서 광고를 제작한다는 사실을 못마땅하게 여기는 사람도 있는 듯하다. 하지만 국경 없는 기자회가 NGO라는 이유 때문에 우리가 하는 광고가 가령 세제회사의 광고처럼 투박하거나 유치해 보여야 한다는 주장에 대해서는 결코 동의하기 어렵다.

2000년 여름, 우리는 쿠바와 튀니지에 대한 공격적인 캠페인을 실행에 옮겼다. 두 나라 모두 많은 사람들이 찾는 관광국인 동시에 다른 한편으로는 언론자유가 전혀 존재하지 않는 나라라는 공통점을 갖고 있었다. 그런데 우리가 하는 캠페인이 두 나라를 찾는 관광객들에게 필요 없는 죄책감을 갖게 한다는 비난이 일었다. 사실 그건 우리 의도가 아니었다. 우리는 단지 관광객들이 그 두 나라에는 언론자유가 존재하지 않는다는 사실 정도만 알고 여행을 갔으면 좋겠다는 의도밖에 없었다. 그런 면에서 우리는 소기의 목적을 달성했다고 할 수 있다.

이제는 전투적인 태도로만 일관하던 과거의 운동방식은 사라졌다. 특정 장소에 모여서 시위를 하거나 길거리에서 어떤 사안에 대해 서명을 받는 행위는 이제 박물관에서나 찾아볼 수 있을 만큼 보기 드문 일이 되었다. 오늘날 정당에서는 포스터를 자신들이 직접 붙이지 않고 그런 일을 전문적으로 하는 사람에게 맡길 정도이다. 요즘 사람들은 자신이 어떤 일에 찬성할지라도 그것을 위해 자신의 시간과 에너지를 쉽사리 할애하려 하지 않는다. 그 대신 자신의 주의주장을 관철하기 위해 뜻이 맞는 단체에 책임을 위임하는 경향이 늘어나는 추세이기 때문에 NGO도 점차 전문화되어가고 있다. 그럼에도 불구하고 이런 경향이 어떤 사건이 발생했을 때 여론을 움직이는 일이 불가능하다는 것을 의미하지는 않는다. 예를 들면, 르완다 대학살과 그에 뒤이어 대규모 난민이 발생했을 때 프랑스인들은 자신들의 분노를 분명하게 보여주었지만 그 항의 방식만큼은 이전과 확연하게 달랐다. 과거 프랑스인들은 정부의 어떤 정책에 반대 의사를 표명하기 위해 길거리에 모여 시위를 벌였다. 하지만 지금은 그런 일을 가장 잘할 수 있다고 생각되는 단체에 성금을 보내거나 자원봉사 같은 방식으로 자신들의 의사를 표현한다.

벤 브릭 사건도 상황이 이전과는 완전히 달라졌다는 것을 잘 보여준다. 그가 처한 상황에 대해 많은 사람들이 분노를 드러냈지만, 그를 지원하기 위해 파리의 트로카데로 광장에서 열었던 시위는 완전히 실패로 끝나고 말았다. 나도 그 시위 현장에 있었다. 그날 모인 사람은 기껏해야 150명 정도에 불과했다. 이렇게 실패로 끝난 시위는 사람들의 투쟁 의욕을 잃어버리게 만든다는 면에서 대단히 비생산적이다. 오늘날 사람들은 자신의 즐거움이나 자기중심적인 욕구를 충족시키기 위해 동성애자 퍼레이드나 테크노 퍼레이드 같은 형태로 거리에 몰려나올 뿐이다. 이제 전통적인 좌우파의 대립은 사라졌으며, 그리고 그 결과로 나타난 정치적 무관심이 활동가들의 전투적인 운동마저 종말을 고하게 만들었다.

근대성의 이면에는 '컨센서스'라는 것이 존재한다. 하지만 컨센서스만큼 사람들의 정치적 참여 의욕을 떨어뜨리는 것은 없다. 우리는 진작부터 이 같은 사회 변화에 적응하기 위해 노력해왔다. 그런 이유로 우리는 대중들의 시위를 조직하지 않았다. 우리가 실질적인 효과를 추구하는 적극적인 행동주의 전통으로 회귀한 것도 바로 그런 이유 때문이다. 예를 들면, 파리를 방문 중인 중국의 총리를 향해 전단을 살포하거나 튀니지의 정부 관광청을 포스터로 도배하는 열 명의 전문가가 길거리에서 시위를 하는 300명의 운동가보다는 훨씬 더 효과적이라는 것이다. 바로 그런 이유 때문에 우리는 광고를 하는 것이다. 광고는 우리가 존재하고 있다는 사실을 알리는 가장 좋은 방법이다. 때문에 우리는 그러한 사회적 상황에 적응해나가면서 시위 같은 형태로 대중을 길거리에 동원하는 운동방식을 지양해왔다. 물론 나는 이런 상황이 부분적으로 못마땅하지만 그렇다 해도 그것은 단지 내 개인적인 향수일 뿐이다.

언제나 그렇듯이 가장 중요한 것은 문제를 해결하는 것이다. 세상이 변하면 운동방식도 바뀌어야 하는 것이다. 정말 다행스러운 것은 우리가 현재 채택하고 있는 전략이 효과적이라는 사실이다. 간혹 우리를 "소란스럽다"거나 "선정적"이라고 비판하는 사람들도 있지만 사실 그들은 여전히 과거의 방식을 고수하는 사람들이다. 물론 정치나 사회 참여가 과거보다 순수하지 않은 것도 분명한 사실이다. 하지만 그런 현실을 우리가 어쩌겠는가. 우리는 그런 현실에서 잘못된 것, 옳지 않은 것을 바꾸고 개선하기 위해 노력할 뿐이다.

인터넷이라는 무기

세상의 변화를 이야기할 때 인터넷을 빼놓을 수 없다. 인터넷이라는 새로운 매체의 등장은 모든 것을 바꾸어놓았다. 인터넷은 내가 앞서 이야기했던 사회 변혁의 실체를 완벽하게 실증해주고 있다. 실제로 인터넷은 직업적인 운동가들이 전투적인 활동 과정에서 선택할 수 있는 가장 최선의 무기가 되었다. 가령 통신비가 상당히 저렴하다는 이유 하나만으로도 그렇게 말할 수 있을 것이다.

국경 없는 기자회의 인터넷 사이트(www.rsf.fr)는 1994년에 만들어졌다. 당시로서는 상당히 이른 시점이었다. 처음에 우리는 이 사이트를 기자회가 가진 뉴스나 정보를 사람들에게 전달하는 도구로 사용했다. 전 세계 80개가 넘는 나라의 인터넷 사용자들이 우리가 프랑스어와 영어, 스페인어로 작성해서 올려놓은 성명서나 뉴스를 읽었다. 인터넷은 우리의 정보 전달 매체이자 그와 동시에 정보 수집이나 취재 과정에서 없어서는 안 될 중요한 도구이다. 구체적으로 예를 들면, 전 세계 어느 나라에 있든 인권과 관련된 현지 소식을 우리에게 전달해줄 수 있는 몇 사람이 존재했던 것이다. 우리 조사원들은 이들이 보내주는 정보를 최대한 취합해서 그 뉴스가 올바른지 철저하게 확인했다. 이런 과정을 거쳐 얻은 정보는 다시 인터넷을 통해 전 세계에 공개되었다. 그 결과 인터넷은 여론을 움직이는 새로운 무기가 되었다. 실제로 우리는 전자서명을 통해 탄원을 하기도 했고, 사이버 시위를 벌이기도 했다. 전자서명을 통한 탄원은 멀리 떨어져 있고, 또 단 한 번도 본 적이 없는 전 세계 사람들을 하나로 결집시켰다. 갇혀 있는 기자의 석방을 촉구하는 탄원은, 과거 길거리에서 사람들의 서명을 받던 전통적인 방식보다 훨씬 더 많은 사람들의 서명을 받았다.

2000년 5월 3일, 세계 언론자유의 날을 맞아 우리는 처음으로 검열에 반대하는 사이버 시위를 벌였는데, 그 방법은 지극히 간단했다. 최대한 많은 인터넷 사용자들이 그리니치 표준시를 기준으로 13시부터 13시 5분 사이에 이번 시위를 지원했던 프낙 사이트에 접속, 탄원서에 서명하는 것이었다. 최대 10만을 기대했지만 최종적으로 접속한 사람은 2만 8천 명이었다. 물론 이 숫자도 결코 무시할 만한 것은 아니었다. 이 사이버 시위가 있은 다음날, 〈리베라시옹〉의 한 기자는 "클릭하는 것으로 거리의 시위를 대체할 수는 없다"는 논지로 우리의 시도를 비판했다. 하지만 나는 길거리 시위와 사이버 시위는 그 성격이 전혀 다르다고 생각했다. 물론 사이버 시위가 몸을 움직여야 하는 피곤한 일 없이 단지 클릭만으로 자신이 옳은 일을 하고 있다는 확신을 심어줄 수 있다는 사실과, 그로 인해 사람들이 이성적인 판단에 기초하지 않고 분위기나 대세에 추종함으로써 시민권을 그릇되게 행사할 수도 있다는 사실을 나는 잘 알고 있었다. 말하자면, 사이버 시위가 시민권의 상실을 불러올 가능성도 있다는 것이다.

하지만 그런 한계나 부작용에도 불구하고 우리가 사이버 시위를 벌였던 이유는, 어차피 이런 대의를 위해서는 결코 거리로 나서지 않을 게 분명한 15세부터 30세 사이의 젊은 세대를 겨냥했던 것이다. 이 연령층은 우리가 일상적으로 구사하는 전략에 아무런 반응도 하지 않는 세대이다. 하여간 이 사이버 시위를 통해 우리는 소기의 목적을 달성할 수 있었다. 그리고 프낙 서점은 자사 사이트의 접속자 수를 늘림으로써 우리를 멋지게 활용했다. 당연한 말이지만 프낙은 기업이지 결코 자선단체가 아니다! 기업이 인권단체를 도와줄 때는 자신들의 이미지에 도움을 줄 수 있는 무엇인가를 기대하기 마련이다. 이는 지극히 당연한 일이다. 하지만 여기서 분명하게 말하자. 지금 프랑스에서는 학문이나 예술 활동을 지원하는 '메세나'를 실천하는 기업이 1천 개에 이르지만 인권 분야에 자금을 기부하는 기업은 불과 네댓 개에 지나지 않는다. 다른 기업들은 '지나치게 정치적'이라고 판단되면 참여를 꺼리는 것도 부정할 수 없는 현실이다.

인터넷에 관한 이야기를 좀더 해보자. 인터넷의 또 다른 장점 중 하나는 검열을 피할 수 있는 매체라는 것이다. 우리 사이트에는 세계 각국에서 발행이 금지되어 있는 신문들을 게재하고, 표현의 자유를 빼앗긴 기자들이 발언할 수 있는 공간을 제공하고 있다. 예를 들면, 지금은 폐간되었지만 과거 알제리에서 발행되던 주간지 《르 나시옹》의 어떤 호가 검열로 인해 인쇄소를 찾지 못했을 때 우리는 해당 호의 기사를 국경 없는 기자회 사이트에 전재했다. 그리고 카메룬의 주간지 《메신저》의 발행인인 피우 나웨가 허위사실 유포죄로 투옥되었을 때 우리는 '한 수감자의 메모'라는 제목으로 그의 원고를 몇 개월에 걸쳐 연재하기도 했다.

많은 국가에서 인터넷을 통제하려고 노력하지만 아직까지 그 어떤 국가도 완벽하게 통제하지 못하고 있다. 중국 정부는 열심히 사이트를 폐쇄하지만 우리가 "사이버 반체제 인사들"이라고 부르는 사람들은 자신들의 사이트가 폐쇄되면 이전과 거의 같은 내용의 사이트를 금방 다시 연다. 그들은 사실상 사이버 상에 존재하는 게릴라들이며, 그 어떤 독재체제도 그들을 이기기 어려울 것이다. 지금 같은 세상에서 누군가의 입과 귀를 막고, 눈을 가리는 것은 결코 있을 수 없는 일이기 때문이다.

튀니지 정부도 국민들의 인터넷 접근을 제한하고 있다. 튀니지에는 정부에서 허가한 두 개의 인터넷 서비스 제공업체가 있는데, 하나는 벤 알리 대통령의 딸이, 다른 하나는 정권 측근이 소유하고 있다. 이런 이유로 국경 없는 기자회 사이트는 다른 수십 개의 사이트들과 마찬가지로 접근 자체가 불가능하다. 그리고 앰네스티 인터내셔널의 접근을 막기 위해 정권은 www.amnesty-tunisia.org라는 정권 홍보 사이트를 만들기까지 했다(앰네스티 인터내셔널의 사이트는 www.amnesty.org이다-편집자).

양보할 수 없는 원칙, 언론의 자유

인터넷과 관련해 인터넷에서 언론의 자유를 제한해야 한다거나 뭔가 새로운 규칙이 필요하다는 의견도 상당수 있다. 이 같은 문제는 무엇보다 표현의 자유를 옹호하는 우리로서는 피하기 힘든 고민거리이다. 1996년 독일 당국은 미국에 서버를 둔 한 인터넷 사이트를 독일 국내에서는 접근하지 못하도록 하는 조치를 취했다. 그 사이트는 신나치를 표방하는 에른스트 춘델이라는 독일계 캐나다인이 운영하는 사이트였다. 그러자 역사수정주의와는 아무런 관련도 없는 미국 내 수십 개 대학이 "모든 형태의 검열에 반대한다"는 기치 아래 독일에서는 접근이 금지된 춘델의 사이트 주소를 자신들의 사이트에 일제히 올렸다. 이 사건으로 인해 무명에 불과했던 춘델은 유명세를 타게 되었고, 미국인들은 독일의 불관용을 공공연하게 비판했다. 사건이 이렇게 불거지자 독일 정부 역시 문제의 사이트에 대한 검열이 기술적으로 거의 불가능하다는 사실을 깨닫고 결국에는 타협책을 선택할 수밖에 없었다. 사건이 결말에 이르기까지 격렬한 논쟁이 벌어졌다. 그 논쟁 과정에서 우리는 미국 쪽의 입장에 가까웠다. 아니 찬성하는 입장이었다. 왜냐하면 이런 종류의 문제는 법정 같은 곳에서 해결될 수 있는 것이 아니기 때문이다.

"나는 당신의 말에 동의하지 않는다. 하지만 당신이 자유롭게 이야기할 수 있는 권리를 위해 싸울 것이다."

　권력자들의 불관용에 맞서 싸웠던 위대한 사상가 볼테르의 말이다. 그의 말은 곧 우리 국경 없는 기자회의 이념이자 철학이기도 하다. 역사수정주의는 독일이나 프랑스에서 범죄 행위이지만 미국에서는 아니다. 실제로 2000년 11월, 프랑스 사법부는 미국의 인터넷 기업인 '야후'에 대해 유죄판결[13]-을 내렸다. 야후가 나치 관련 상품을 자신들의 사이트에서 경매할 때 프랑스의 인터넷 사용자들이 그 내용을 볼 수 없도록 필터링을 하라고 판결했던 것이다. 이 사건은 우리에게 심각한 문제를 제기했다. 즉 각국 정부가 자국의 네티즌들에게 법률에 명시된 제한을 강제하는 것이 과연 용인될 수 있는가 하는 문제였다. 또 인터넷 사이트의 내용을 감시하는 것도 논란이 여지가 있었다. 중국이나 튀니지 같은 나라에서는 이 같은 규제에 가까운 방법들을 철저하게 적용하는 것으로 알고 있다. 따라서 프랑스 사법부의 판결에 동의하는 것은 암묵적으로 중국이나 튀니지 당국의 조치가 정당하다고 면죄부를 주는 결과가 되어버리고 만다. 왜냐하면 이 지구상에 존재하는 어느 정부도 그 어떤 것이 해당 국가의 역사에, 혹은 그 나라 정부에 굴욕적인가 아닌가를 제멋대로 결정할 수 있는 권리를 갖고 있지 않기 때문이다.

　미국인들은 프랑스가 네티즌들의 사상을 통제하려 한다고 비난했다. 그들의 지적은 분명 옳다. 그와 같은 통제는 불필요할 뿐 아니라 위험하기까지 하다. 만약 그렇게 어떤 것이 위해하다고 선별하려 든

다면, 독재정치를 지지하는 공산주의 신문의 발행을 금지시켜야 마땅할 것이다. 하지만 누가 과연 그렇게 할 수 있을까. 그리고 또 만약 포르노 사이트를 금지시킨다면, 프랑스나 혹은 사우디아라비아에서 누가 어디에서부터 그런 통제의 칼날을 들이댈 수 있을까. 모든 것을 규칙 속에 집어넣고 싶다, 즉 체계화하고 싶다는 것은 프랑스의 바람일 뿐이다. 우리는 지금 프랑스식 접근방식을 가지고 한 번도 접해보지 못한 새로운 문제들에 직면해 있는 것이다. 프랑스는 인터넷 상에서 자신들의 문화적 예외를 타자他者에게 강제할 그 어떤 정당성도 갖고 있지 않다. 도덕적으로 비난할 만한 일이라고 해서 그 모두를 사법적으로 처벌할 수 있는 것은 아니다. 인터넷 밖의 세상에서도 그러하듯이 인터넷 상에서 통제권이나 지배권은 결코 용납될 수 없는 일이며, 그러한 원칙은 언론의 자유에도 적용되어야 마땅하다.

"자유의 적에게 자유는 없다"는 유명한 말이 있다. 하지만 이 말은 결코 수용하기 힘든 어리석은 말이다. 인종차별주의자, 반유대주의자, 외국인 배척자, 그리고 역사수정주의자들의 발언과 그들의 선전선동에 대한 처벌을 강화하기 위해 1990년 7월에 제정된 '게소법'[14]은 그 자체가 비정상적인 것으로, 우리는 이 법에 맞서 단호하게 싸워왔다. 사실 인종차별주의자나 외국인 배척자들의 선전선동에 맞서 싸우기 위해 보다 엄격한 법률을 제정하는 것은 아무런 의미가 없다. 미국의 예를 들어보자. 미국에서 한때 홀로코스트를 부정하는 역사수정주의자들의 발언을 법적으로 금지하자는 주장이 있었다. 하지만 정작 피해 당사자인 미국 내 유대인 단체들은 미국 수정헌법 제1조[15]를 들어 이 주장에 반대했다. 그들은 발언을 법적으로 금지하는 것은 표현의 자유에 대한 명백한 위협이 될 수 있다고 판단했던 것이다. 사실 표현의 자유는 위험하지만, 그 자유를 속박하는 것은 더욱 위험한 것이다!

우리는 요즘 인터넷에서 유통되는 정보를 제한하는 사태에 대해 국경 없는 기자회가 어떤 태도를 취해야 할 것인가를 놓고 깊은 고민에 빠져 있다. 어떤 사이트에 접속하면 그 내용이 광고인지 정보인지 아니면 하나의 관점인지 구별하기가 어렵다. 게다가 인터넷은 기자라는 존재 자체의 특수성과, 정보와 대중 사이를 연결하는 매개자로서의 기자가 가지는 문제를 잘 보여주고 있다. 지금까지 한 개인은 미디어를 만들어낼 수 없었다. 함께 일할 동료와 기자재를 비롯한 여러 수단이 필요했다. 즉 인력과 자본이 필요했다는 말이다. 하지만 인터넷은 이 같은 기존의 저널리즘이 가지고 있던 특수성을 거부한다. 누군가 사이트를 만들어서 자신을 기자로 자리매김하는 것이 가능해졌기 때문이다. 전문가가 만든 사이트와 뛰어난 아마추어가 만든 사이트 사이에는 어떤 차이가 있을까. 1천 명에게 일제히 보내는 이메일을 여전히 사적인 통신이라고 말할 수 있을까. 그게 아니라면 미디어라고 부를 수 있을까. 그 경계가 점점 모호해지고 있다. 이런 상황에서 우리 국경 없는 기자회가 '반드시 지켜야만 할 사람은 누구'일까. 누가 기자이고, 누구는 기자가 아닐까. 지금 우리는 이처럼 풀기 어려운 문제에 직면해 있다.

우리는 중국의 사이버 반체제 인사들을 위해 투쟁했다. 하지만 그들 중 몇 사람은 자신의 개인 사이트에서만 활동할 뿐 그 밖의 영역에서는 아무런 역할도 하지 않았다. 그럼에도 불구하고 우리는 그들이 넓은 의미에서 기자라는 생각을 갖고 적극 지지한다. 당연한 말이지만 프레스 카드를 갖고 있다고 해서 자동적으로 기자가 되는 것은 아니다. 중국 같은 나라에서는 정권에 비판적인 사람들에게는 프레스 카드가 지급되지 않는다. 중국의 유명한 반체제 활동가였던 웨이징성魏京生은 대단히 지성 있는 기자였지만, 공식적으로는 베이징 동물원의 전기기사였다. 따라서 우리는 인터넷에서 정보를 유포하는 모든 사람들, 그들이 혼자서 일하든 여럿이서 일하든 관계없이 모두 기자로 간주한다. 우리가 지키는 유일한 기준은 폭력을 선동하는 자들만큼은 제외시키는 것이다. 사실 우리는 몇 차례 다른 기준을 설정하기 위해 노력했지만 그 경계가 너무나 주관적이고 가변적이어서 결국 성공하지는 못했다.

어떤 언론보도가 명예훼손일까. 독립적인 신문과 정치권력에 좌우되는 신문을 어떻게 구별할 수 있을까. 이런 쉽지 않은 문제 때문에 간혹 우리는 조금 별나거나 심지어는 '자유의 적'이 될지도 모르는 인물을 옹호하기도 한다. 어떤 일을 하다가 의심이 생기면, 우리의 투쟁은 기자들을 지키는 것뿐만 아니라 정보를 전달하고, 그것을 얻을 수 있는 권리를 수호하는 것이라는 사실을 다시금 상기한다.

유럽 인권재판소의 판례 중에는 "언론의 자유는 대다수 사람들에게 불유쾌한 생각을 갖게 할 수 있는 견해나 의견에도 적용되어야 한다"는 내용이 있다. 나는 어쩌면 이 판례가 언론의 자유의 핵심이 아닐까 생각한다. 왜냐하면 언론의 자유는 다수가 아니라 기본적으로 소수의 자유를 보호하기 위해 존재하는 것이기 때문이다. 그래서 우리는 어떤 형태로든 폭력을 선동하지 않는 이상, 대다수의 사람들에게 불유쾌한 생각을 갖게 할 수 있는 사상도 표현할 권리가 있으며, 어떤 경우에도 우리는 그것을 지켜야 한다는 것이다.

새 출발을 위하여

나는 지금껏 스스로에게 한 약속을 충실하게 지켜왔다고 확신한다. 내가 열여덟 살에 꿈꾸었던 미래와 현재의 나 사이에 별다른 차이가 없다는 생각에 긍지를 가지고 있다. 나는 적극적인 정치·사회 참여 속에서 자기실현을 하고 싶었다. 돌이켜보면, 내 인생은 참여를 통한 투쟁의 연속이었다. 때로는 적지 않은 잘못을 범하기도 했지만, 나는 아직도 참여야말로 유일하게 가치 있는 일이라고 생각한다. 매일 즐겁게 일을 했으며, 많은 보람을 느꼈다. 하지만 그만큼 사생활을 등한시하기도 했다. 그래서 자식들이 커나가는 모습을 자주 보지 못했다는 사실을 지금은 많이 후회하고 있다. 때로는 나를 미워하는 사람도 있었고, 또 내가 도저히 용서하기 힘든 사람도 있었다. 하지만 그런 사람들을 위해 내가 도움이 되었던 적도 있고, 또 내가 그와 같은 도움을 받았다고 생각할 만한 사람들도 있다.

나는 우리 국경 없는 기자회를 위해 보다 급진적인 목표를 가지고 있다. 과거 나는 기자회가 언론과 기자들의 취재방식을 바꿀 수 있다고 믿었다. 하지만 실패했다. 그 대신 우리는 지금 일하고 있는 작은 영역에서 확실한 성과를 거두고 있다. 이 세상에서 언론자유를 수호하는 일 말이다. 나는 이런 성과를 자랑스럽게 생각한다. 이제부터 나는 우리 국경 없는 기자회가 오래도록 존속할 수 있는 강력한 조직, 그리고 국제적인 조직으로 성장하는 데 온 힘을 기울이고 싶다. 우리가 빠른 시간 내에 유럽 차원의 조직으로 발전할 수 있었던 배경에는 스페인의 페르난도 카스텔로나 스위스의 레나토 버지 같은 사람들의 헌신적인 도움이 있었다. 물론 유럽이 세계의 전부는 아니다.

NGO를 만든 사람들은 거의 대부분 무의식적으로 동일한 유혹을 받는다. 즉 자신이 만든 조직에서 자신이 얼마나 필요한 존재인지 확인하기 위해 첫출발 때부터 조직을 위험에 빠뜨리게 하고 싶은 그런 유혹에 빠진다. 하지만 나는 그와는 반대로 내 뒤를 이을 사람을 기른 뒤에 과거에 대한 아무런 미련 없이 떠날 수 있기를 바란다. 그래서 지금까지의 국경 없는 기자회에 대해 한번쯤은 정리하고 싶다고 생각했다. 내가 이 책을 쓴 이유도 바로 그 때문이다.

후주

제1장

1_ **Essahafa**_ 튀니지 정부계열의 아랍어 일간지. 전신인 프랑스어 일간지 〈라 플레스〉는
1936년 창간.

2_ **Agence de Syfia International**_ 1988년 창립. 스위스와 벨기에, 아프리카 각국의
10여 개 중소 규모 통신사를 통합해서 만든, 주로 아프리카와 아시아 지역의 프랑스어권
지역 뉴스를 제공하는 통신사 연합. 본부는 프랑스 몽펠리에에 있다. 35개국에 70여 명
의 특파원이 있다.

3_ **Infosud**_ 1988년에 창립된 스위스의 통신사. 스위스 국내 50여 개의 언론사 외 프랑스어
권 국가의 미디어에 뉴스를 제공하고 있다. 앞서 소개한 Syfia의 소속사 중 하나.

4_ **La Croix**_ 1883년에 창간된 프랑스의 가톨릭 계열 일간지. 발행부수는 약 10만 부.

5_ **La Libération**_ 1973년에 창간된 프랑스의 전국 일간지. 원래는 극좌주의자들의 기관
지였다. 논조는 진보적이며, 미테랑 정권이 출범한 1981년 이후 사회당 쪽으로 전환. 젊
은 독자가 많으며, 발행부수는 약 17만 부.

6_ **Jeune Afrique Économie**_ 1981년 창간. 파리에서 발행되며, 아프리카 경제를 중심
으로 다루는 격주간지. 발행부수는 약 4만 부.

7_ **Le Courrier**_ 1968년 창간. 스위스 제네바에 본부를 둔 일간지. 발행부수는 약 9천 부.

8_ **France Inter**_ 1963년 창립. 전신은 1947년에 만들어진 파리 앙테르. 국영 라디오 프랑
스에서 운영하는 라디오 방송국 중 하나.

9_ **Sipa Press**_ 1973년 창립. 파리에 있는 세계적인 사진 통신사. 전 세계에 약 4천여 명의

포토저널리스트가 있으며, 세계 포토저널리즘을 리드하고 있다.

10_ **Pitié-Salpêtriére**_ 프랑스 파리 제5구에 있는 파리 대학 부속병원. 루이 14세가 1654년에 화약공장 부지 내에 건설을 명해 1764년에 개원한 오랜 역사를 가지고 있다. 주로 정신병을 치료하는 병원으로, 프랑스 근대 정신의학 발전의 기초를 닦았다.

11_ 볼테르, 몽테스키외, 디드로 등으로 대표되는 18세기의 프랑스 사상은 인간 이성의 진보에 대한 신뢰를 특징으로 한다. 즉, 기독교를 배경으로 하는 종교적 미신과 편견, 전통적 권위와 봉건적 인습을 타파할 수 있는 것은 인간의 이성이라고 주장하며 다방면에 걸친 개혁과 함께 인간 생활의 진보를 추구했다. 이러한 철학적 전통은 합리주의의 기반이 되었다.

12_ **Jean Valjean**_ 프랑스 작가 빅토르 위고의 장편소설 《레비제라블》의 주인공. 배고픈 아이들을 위해 빵 한 조각을 훔쳤다가 19년 간 감옥에 갇히는 가혹한 운명 속에서도 인간에 대한 사랑에 눈을 떠 훗날 가난한 사람들을 위해 투쟁하는 파란만장한 인생 역정을 보낸다.

13_ **Vichy**_ 2차 대전 중인 1940년 6월 22일 프랑스가 나치에 항복한 후 1940년 7월부터 1944년 8월까지 중부 프랑스 오베르뉴 지방의 비시에 들어섰던 나치 괴뢰정부. 패탱 원수를 국가주석으로, 프랑스 국토의 5분의 3 이상이 독일군의 직접 점령 하에 놓였을 때 그 나머지 지역을 지배했다. 1942년 말부터 독일군은 프랑스 전역을 지배했기 때문에 비시 정부는 명목상의 정부에 불과했다. 1944년 여름 연합군이 프랑스에 상륙하고, 독일군이 철수하자 해체되었다.

14_ **Collabo Collaborateur**_ 2차 대전 때인 1940년부터 1944년까지 독일군 점령 하의 프랑스에서 독일군에게 협력했던 자들을 지칭한다.

15_ **Trotsukisme**_ 1920년대 이후 소련 공산당의 스탈린 주류파에 맞서 레온 트로츠키가 주창했던 사상. 레닌의 계승자로 지목되었지만 일국사회주의를 주장하는 스탈린과의 권력 투쟁에서 패해 국외로 추방당한 트로츠키는 스탈린 체제의 소련 공산당과 그 경제정책을 신랄하게 비판했다. 그는 후진국에서 프롤레타리아 독재가 이루어지려면 사회주의 건설에 매진해야 하지만, 그것은 한 나라 차원이 아니라 전 세계적인 혁명이 없이는 불가능하다는 '영구혁명론'을 주장했다.

16_**Festival de Cannes**_ 남프랑스 칸을 무대로 매년 5월에 열리는 국제적인 영화제. 베니스 영화제, 베를린 영화제와 함께 세계 3대 영화제 중 하나. 전후인 1946년에 제1회 영화제가 열렸다. 전 세계에서 선발된 작품을 상영하며, 영화제 기간 중에는 감독과 배우 외에 제작사나 배급사, 관광객 등으로 북적거린다.

17_**La Découverte**_ 1938년에 창립. 1959년부터 있었던 프랑수아 마스페로 출판사를 인계하여 주로 인문·사회과학과 평론 분야의 책을 펴내는 파리의 중간급 규모 출판사. 2001년부터는 비방디 유니버설 그룹의 일원이 되었다.

제2장

1_**Radio France Hérault**_ 남프랑스 몽펠리에에 있던 국영 라디오 프랑스의 지방 방송국 중 하나. 프랑스 방송협회(ORTF)가 1974년에 해체되었을 때 국영 라디오 프랑스는 그 산하에 프랑스 앵테르, 프랑스 앵포 등과 함께 35개의 지방 방송국을 총괄했다.

2_**Téléphone sonne**_ 현재 국영 라디오 프랑스 앵테르에서 가장 인기 있는 장수 프로그램. 평일 저녁 7시 20분부터 8시 사이의 방송으로, 청취자들이 시사문제에서 육아 등 소소한 가정사에 이르기까지 갖가지 질문을 던지면 스튜디오에 초대된 각 분야의 전문가들이 대답하는 방식으로 진행된다.

3_**Medecines sans frontieres**_ 인종, 종교, 사상 등을 뛰어넘어 기아와 자연재해, 분쟁 등으로 고통 받는 사람들을 구호하기 위해 국경을 초월해서 의료구호와 인권옹호 활동을 하는 국제 NGO. 1968년 비아프라 기아 때 구호활동을 했던 의사들을 중심을 1971년 파리에서 설립되었다. 현재는 세계 18개국에 사무국을 두고 있으며, 3천 명이 넘는 회원이 세계 여러 나라에서 활동하고 있다. 지난 1999년 노벨평화상을 수상했다.

4_ 1968년 5부터 6월 사이에 파리의 학생과 노동자이 중심이 되어 벌인 반체제운동. 파리 대학생들의 처우개선 요구가 발단이 되었다. 이후 소르본 대학의 학생 집회에 기동대가 난입하면서부터 사태가 악화되어 노동조합의 총파업과 전국적인 시위로 확대되었고, 정치적인 위기 상황이 연출되었다. 6월에 치러진 총선에서 드골 대통령의 승리로 귀결되어 사태가 수습되는 듯 보였지만 결국 이듬해 드골의 퇴진을 몰고 오는 결정적인 계기가 되

었다.

5_ **Parti Communiste Francais**_ 1920년 노동자 인터내셔널 프랑스 지부(후에 사회당)의 분열로 결성된 마르크스주의 정당. 2차 대전 중 나치 지배 하에서 레지스탕스의 주요 세력이었으며, 전후에는 정권에 참가하기도 했다. 1970년대 유로코뮤니즘으로 방향을 전환할 때까지 프랑스 정계에서 일정 정도의 영향력을 행사했으나 경제성장과 소련의 붕괴, 동구의 변혁 등과 같은 시대적 배경으로 1980년대 이후로는 점차 퇴조세를 보이고 있다. 최대 지지기반은 노동조합과 노동총연맹.

6_ **anarchiste**_ 완전한 자유사회를 위해 국가권력을 부정하고 개인의 자발성을 옹호하는 아나키즘을 신봉하는 사람. 근대 아나키즘은 19세기 후반에 프랑스의 사회주의자 프루동에 의해 확립되었고, 그 후에 여러 형태로 노동운동에 영향을 주었다.

7_ **situationniste**_ 1950년대 후반부터 1970년대까지 프랑스를 중심으로 하는 유럽에서 《스펙터클의 사회》의 저자인 기 드보르 등의 그룹과 상황주의자 인터내셔널이 주창했던 '상황주의'의 입장에 서 있던 자를 지칭한다. 1960년대 학생들 사이에서 유행했던 국제적인 반체제 사상 가운데 하나로, 1968년 5월 혁명에도 큰 영향을 끼쳤다. 정치는 물론 문화와 예술 분야 등에도 광범위하게 영향을 끼쳤던 사상운동으로서, 대량소비를 특징으로 하는 현대 사회를 "스펙터클"이라고 비판하면서 그 대척으로 "상황"을 구축하려 했지만 구체성이 결여되었을 뿐만 아니라 1972년에 상황주의자 인터내셔널이 해체됨으로써 종언을 고했다.

8_ 1939년부터 1975년까지 36년 간 존속했던 스페인의 반공독재정권. 1936년 선거에서 인민전선 정부가 탄생하자 모로코에 주둔하고 있던 반공주의자 프랑코 장군이 쿠데타를 일으켜 국민정부를 세우자 내전이 격화되었다. 1939년 프랑코의 군대는 수도 마드리드를 점령, 독재정권을 수립하고, 바스크인은 물론 반대파를 가혹하게 탄압했다. 이 체제는 1975년 프랑코의 사망과 함께 종식되었다.

9_ **Ligue communiste révolutionnaire(LCR)**_ 프랑스의 극좌정당. 1939년 제4인터내셔널 프랑스 지부로서 레온 트로츠키가 창설. 1938년 5월 혁명 이후 공산주의자동명, 혁명공산주의전선 등으로 변신을 거듭했으며, 1974년부터 현재의 명칭을 사용하고 있다.

10_ **Union Carbide**_ 미국 코네티컷 주에 본사를 둔 세계적인 화학약품 제조업체. 건전지

와 아세틸렌 등을 비롯한 다양한 화학제품을 생산하고 있다. 베트남 전쟁에서 미국이 사용한 고엽제를 제조한 회사로도 널리 알려져 있다. 2001년에는 다운 케미컬사에 합병되었다.

11_ 1984년 12월 3일 새벽, 인도 중부 보팔 시에서 유니언 카바이드사의 농약제조공장에서 농약성분의 맹독 가스가 분출되는 사고가 발생했다. 이 사고로 공장 주변 반경 2킬로미터 이내의 물과 토양이 오염되어 20만 이상이 피해를 입었고, 사망자 수도 최종적으로는 3만 명이 넘었다. 현재까지도 그 후유증으로 고통을 겪고 있는 사람이 적지 않다.

12_ **radios libres**_ 1980년대에 접어들면서 프랑스에서는 일반인이 무허가 상태로 방송을 내보내는, 예를 들면 아파트 같은 곳에서 발신하는 자유 라디오(실제로는 위법 해적 라디오 방송)이 상당수 있었는데, 당국에 적발되면 처벌을 감수해야 했다. 하지만 미테랑 정권이 출범한 이후인 1981년 11월 9일 공포된 법률에 따라 해적 방송도 모두 정식 허가를 받게 되었고, 전성기 때는 그 수가 2천 개를 넘었다. 1984년에는 법률이 개정되어 광고도 방송을 할 수 있게 되었으며, 현재도 파리에는 50개가 넘는 라디오 방송이 그 명맥을 이어가고 있다.

13_ **Radio Pomaréde**_ 저자가 1997년에 설립한 해적 라디오 방송국. 4년 후인 1981년에 허가를 받았지만 현재는 존재하지 않는다.

14_ **Midi libre**_ 1944년 창간된 지방 일간지. 몽펠리에를 근거지로 하고 있다. 2000년 르 몽드 그룹에 편입. 발행부수는 약 17만 부.

15_ **Radio Monte-Carlo**_ 1942년 창립. 원래는 독일과 이탈리아가 합작해서 세운 방송국이지만 1945년에 프랑스 몬테카를로로 본거지를 옮겼다. 프랑스에서 두 번째로 오래된 민간 라디오 방송국.

16_ **Parti socialiste(PS)**_ 원래는 1905년에 결성된 노동자 인터내셔널 프랑스 지부. 1920년 공산당 결성을 위해 다수파가 탈퇴했지만 레온 블룸 등이 중심이 되어 점차 당세를 확장했다. 전후 알제리 문제를 둘러싸고 당내 분열이 일어나고, 1969년 대통령 선거에서 패배한 뒤에 사회당으로 명칭을 변경. 1971년 프랑수아 미테랑이 서기장으로 선출되면서 전국 정당으로 탈바꿈하여 1973년 선거를 계기로 착실하게 지지세를 넓혔으며, 1981년 대통령 선거에서 승리하여 마침내 집권당이 되었다. 1993년까지 프랑스 최대 정당으

로 군림하지만 파벌 투쟁이 끊이지 않는 등 같은 해에 치러진 선거에서 참패했다. 1995
년의 대통령 선거에서는 조스팽 후보가 예상 외로 상당히 선전하여 2002년 선거에 다시
입후보하였지만 극우정당의 르팽 후보에도 뒤지는 3위를 차지하는 결과를 낳았다. 중간
관리직과 기술자, 교원 등의 지지를 받고 있다.

17_ **la social-démocratie**_ 공산주의와 달리 의회민주주의를 통해 점진적으로 사회주의를
지향하는 사상이나 운동.

18_ 1979년 '라디오 리포스트' 사건을 지칭. 사회당의 자유 라디오였던 라디오 리포스트도
당시에는 공식적으로 인정받지 못한 해적 방송국이었다.

19_ 사회당의 미테랑 후보가 당시 현직 대통령이자 재집권을 목표로 하던 프랑스 민주연합
(UDF)의 지스카르 데스탱 후보를 물리침으로써 제5공화국 하에서 최초로 좌파연합 정
권이 수립되었다. 미테랑은 대기업 국유화, 최저임금 및 사회보장급여 인상 등 사회주의
정책을 펼쳤지만 인플레이션으로 인해 실업자가 급증했다. 1983년부터 정책을 전환했지
만 사태가 개선되지 않아 1986년에 치러진 총선에서 패배했다.

20_ 우간다에서는 오랜 공포정치와 경제 실정으로 위기에 빠진 아민 대통령이 탄자니아 침
공이라는 실책으로 실각한 뒤 1979년 국외로 도피하는 상황이 발생했다. 이후 1980년 총
선거에서 10년 만에 오보테 대통령이 권좌에 복귀했으나 야당의 저항과 반정부 게릴라
의 소요로 경제 부흥은 계속 지체되었다. 1985년 총사령관 오켈로가 군부 쿠데타를 일으
켜 대통령을 추방하고 군사정권을 수립하였으나, 농촌을 거점으로 하는 게릴라 조직인
국민저항운동(NRM)이 다시 군사정권을 타도하고 그 지도자인 무세베니가 1986년 대통
령에 취임했다.

21_ **La Dépêche Du Midi**_ 1870년 창립. 프랑스 툴루즈 지방의 일간지. 발행부수는 21만 부.

22_ **Le Sahara occidental**_ 대서양에 면해 있는 북서 아프리카 지역으로 사하라 사막의
일부이기도 하다. 과거 스페인령이었으나 1976년 스페인이 철수한 뒤에는 모로코가 점
령했다. 독립국가 수립을 선언한 서사하라의 민족 조직과 모로코 사이에 무력 충돌이 발
생하자 유엔이 개입하여 중재에 나섰으나 아직까지 미해결 분쟁 지역으로 남아 있다.

23_ **Le tiers-mondisme**_ 2차 대전 후 냉전이 시작되자 신흥 제국에서는 혁명과 쿠데타가

끊이지 않았는데, 이런 상황은 동서대결과는 다른 차원에서 벌어지는 일이라는 인식이 프랑스에서 생겨났다. 이를 국제정치에서 정립한 개념이 바로 이 제3세계주의이다. 제3세계, 즉 주변부에서 착취당하는 민중들이 억압의 사슬에서 해방되지 않으면 제국주의 본국에서 살아가는 노동자 계급의 해방도 이루어질 수 없다는 입장이다.

24_ **Amnesty International_** 1961년 창설. 세계적인 인권옹호단체. 세계인권선언이 국제사회에서 실현되는 것을 목표로 하고 있다. 어떤 정치적·종교적 당파성도 띠지 않으며, 정부로부터도 지원을 받지 않을 뿐더러 사상과 신조, 인종 등 부당한 이유로 학대, 체포, 구금당하지 않는 인간 해방과 사형제 폐지 등을 위해 활동하고 있다. 세계 140개국에 100만 명 이상의 회원이 있으며, 1977년 노벨평화상, 1978년에 유엔인권상을 수상했다.

25_ **Seuil_** 1935년 창립. 프랑스 국내외의 문학, 에세이, 좌익계 서적 등을 펴내는 명성 있는 출판사. 파리에 있다.

26_ **Article19_** 1986년 창설. 영국 런던의 언론옹호단체

27_ **Comitee to protect Journalists_** 1972년 창설. 저널리스트 보호와 언론자유를 옹호하는 미국의 NGO. 본부는 뉴욕에 있다.

28_ **Index on Censorship_** 1972년 창설. 영국 런던에 본부를 두고 있는 언론자유 옹호조직. 세계 여러 나라에서 일어나는 언론 탄압과 검열에 항의하는 활동을 하고 있다.

29_ 버마에서는 1962년 이후 네윈 의장이 이끄는 버마사회주의계획당(BSPP)의 일당독재가 계속되었다. 하지만 1988년 3월 학생과 젊은 층을 중심으로 독재와 빈곤에 대한 불만과 민주화를 요구하는 시위가 수도 랭군에서 일어났다. 시위가 순식간에 전국적으로 확산되자 군부는 무정부 상태에 빠진 정국을 수습하기 위해 쿠데타를 일으킨 뒤 국가법질서회복평의회(SLORC)가 전권을 장악하는 군사정부를 수립했다. 이때 군의 발포로 1천 명이 넘는 비무장 시위대가 사망한 것으로 알려져 있다. 1990년 군사정권은 복수정당제를 허용하고 총선거를 실시하지만 아웅산 수지 여사가 이끄는 국민민주연맹(NLD)이 압승을 거두자 선거 결과를 무효로 돌리고 정권 이양을 거부한 채 지금까지 계속 실권을 장악하고 있다.

30_ 1999년 3월 2일 나토군이 세르비아를 공습하자 유럽의 지식인들 사이에서 그 시비를 가

리기 위한 논쟁이 활발하게 일어났다. 프랑스에서 거의 유일하게 공습을 반대했던 철학자 레지스 드브레는 격렬한 비판을 받았다. 공습이 있기 일주일 전인 4월 1일자 〈르 몽드〉에 기고한 한 칼럼에서 드브레는 "악당은 언제나 악당이며, 정의는 언제나 정의다"라는 미국식 선악이원론과 다름없는 주장을 펼쳤을 뿐 아니라 "미국 개척시대의 역사에 등장하는 인디언 학살에 대해 '민족 정화'라고 표현하지만 그것은 단지 반미주의자들의 발언에 지나지 않는다"라고 함으로써 지식인 사회로부터 격렬한 비판을 받았다. 이에 드브레는 5월에 세르비아와 코소보 현장을 직접 방문한 뒤 그곳에서의 체험을 원고로 작성, 5월 13일자 〈르 몽드〉에 기고했다. 그는 '한 여행자가 공화국 대통령에게 보내는 편지'라는 제목의 글 속에서 30여 개의 학교가 공습으로 파괴되어 많은 아이들이 수업을 받지 못하게 되었으며, 공장 등이 파괴되어 2만 명이 넘는 노동자가 일자리를 잃게 되었다. 유고는 실제로 일당독재가 아니며, 의회에서는 소수정당을 이끄는 밀로세비치가 세 차례나 당선되었기 때문에 독재자라고 할 수 없다. 그리고 공습 후 최초 사흘 간 화재와 약탈, 살인 등 대단히 끔찍한 일들이 일어났다는 것 등을 스스로의 취재와 AFP를 비롯한 현장 기자들에게 들은 소식 등을 열거하며 공습에 대해 신랄하게 비판했다. 그러자 다음날 〈르 몽드〉에 "과거 레지스 드브레는 용기가 있고, 재능이 있었다"로 시작해 "이것은 지식인의 자살이다. 대단히 유감스럽다. 안녕, 드브레"로 끝나는 '안녕, 레지스 드브레'라는 제목으로 드브레를 신랄하게 비판하는 철학자 베르나르 앙리 레비의 글이 게재되었다. 이를 기화로 많은 지식인들이 신문과 잡지를 통해 드브레 비판 대열에 가세했다. 코소보 사태에 대한 드브레의 입장과 그를 둘러싼 프랑스 지식인 사회의 논쟁은 이후 더욱 활발하게 전개되었다.

31_ **Alréa**_ 1986년 장 클로드 기보가 파리에 설립한 출판사. 주된 출판 분야는 소설과 고전, 평론, 시사 등.

32_ **Antenne2**_ 프랑스 방송협회(ORFT)의 전신(RTF)인 제2텔레비전 채널로서 1964년에 창설된 국영 텔레비전 방송국. 1974년 프랑스 방송협회의 해체와 함께 앙테나2(A2)가 되었으며, 1992년 9월부터 프랑스2(F2)로 명칭을 변경.

제3장

1_ **Le Monde**_ 1944년에 창간된 프랑스의 전국 일간지. 언제나 특정 정당이나 대자본에 좌

우되지 않는 독립적인 입장을 견지하고 있으며, 논조는 중도 좌파 성향이다. 국제보도에 충실하며, 논평과 기사가 정확한 데다 탁월한 분석력은 정평이 있다. 상당히 세련된 문체를 사용하며, 사진과 만화를 싣지 않는다. 신뢰도가 대단히 높아서 프랑스 외에 유럽과 세계를 대표하는 고급지로 널리 알려져 있다. 발행부수는 약 41만 부.

2_ **Okapi**_ 1972년 창간. 초등학생과 중학생을 주된 독자층으로 하는 격월간지 발행부수는 약 7만 부.

3_ **Phosphore**_ 1981년 창간. 중고등학생을 주된 독자층으로 하는 월간지. 발행부수는 약 10만 부.

4_ **France Info**_ 1987년에 창립된 라디오 프랑스 소속 방송국. 24시간 뉴스만 방송하는 국영 라디오 방송국.

5_ 1986년 6월 학생들의 민주화 요구를 우호적으로 평가했다는 이유로 실각한 후야오방 전 서기가 1989년 4월 사망하자 그의 명예회복을 요구하는 추도행사가 학생과 시민의 주도로 베이징 천안문 광장에서 열렸다. 이 행사는 곧바로 중국 당국에 대한 비판으로 이어졌고, 민주화를 요구하는 목소리가 점점 고조되면서 전국적으로 확산되기 시작했다. 그러자 당국에서는 5월 하순 베이징에 계엄령을 내리고, 6월 4일 새벽 천안문 광장에서 연좌농성을 벌이던 시위대를 무력으로 진압했다. 인민해방군이 탱크와 장갑차를 앞세우고 시위대를 공격하던 도중에 발포가 일어나 당국의 발표로만 300명의 사망자가 발생하였으나 실제로는 그 이상일 것으로 추정된다. 이 사건은 당시 현장 기자의 카메라를 통해 전 세계로 생중계되었으며, 그로 인해 전 세계로부터 많은 비판을 불러일으켰다. 특히 유럽 몇몇 나라에서는 중국 당국의 인권탄압을 엄중하게 비판하며 경제제재를 단행하기도 했다.

6_ **Actuel**_ 1970년 베르나르 쿠시네가 창간한 월간지. 1994년부터 휴간.

7_ **Medecines du monde**_ 1990년 설립. 국경 없는 의사회의 분열로 생긴 조직. 1979년 국경 없는 의사회의 창설자 중 한 사람인 베르나르 쿠시네가 중심이 된 일단의 사람들이 중국으로 흘러들어간 베트남 보트 피플의 구호와 인권침해 상황을 고발하기 위해 배를 타고 현지로 향한 일이 있었다. 이 일에 대해 국경 없는 의사회 내부, 특히 젊은 의사들은 일의 성사가 기술적으로 곤란할 뿐만 아니라 미디어에 대한 선전 외에는 아무런 효과가

없을 것이라고 비판의 목소리를 높였다. 주도권을 빼앗긴 쿠시네는 10여 명의 동료들과 함께 조직을 탈퇴하고 치유와 증언에 주력하는 새로운 의료지원 NGO인 '세계의 의사회'를 조직하여 인도적 개입에 중요한 역할을 수행했다. 현재 세계 17개국에 지부를 두고 있으며, 매년 1천 명 이상의 의사와 간호사를 세계 각지의 분쟁지역에 파견하고 있다.

8_ 타이완 수도 타이베이에 본거지를 둔 연합보(United Daily News) 그룹. 〈연합보〉는 군인 왕창오가 1951년에 창간한 일간지. 〈연합보〉 외에도 〈민생보〉〈경제일보〉〈연합만보〉 등 다수의 신문을 발행하고 있다.

9_ 프랑스 대서양 연안에 있는 작은 섬. 해수욕장으로 유명하다.

10_ 타이완에서는 1988년 당시 총통이었던 장쩌룽(蔣經國)의 사망으로 헌법 규정에 따라 부총통이었던 리덩후이(李登輝)가 그 뒤를 승계함으로써 최초로 타이완 출신 총통이 탄생했다. 그 후 1990년 선거에서 재선된 리덩후이는 내부적으로 민주화를 추진하였으며, 대외적으로 국제 사회에 복귀하는 등 현실 외교를 지향했다.

11_ **La Maison de la Chimie**_ 파리 중심부 프랑스 국민회의 부근에 자리잡고 있으며, 의학회의와 심포지엄, 국제회의, 연주회 등을 할 수 있는 프랑스에서 가장 오래된 회의장 중 하나. 회의장으로 처음 사용된 것은 1934년이지만 건물 자체는 1708년에 건립되었다.

12_ 1989년 12월 대다수의 프랑스 언론은 루마니아의 국가보안국이 대량 학살을 저질러 그 희생자 수가 무려 4만에서 5만, 혹은 10만 명이 넘는다고 보도했다. 특히 티미소아라에서는 약 4천 명 이상 살해되었다고 보도했지만 그 뒤에 조사에 따르면 희생자 수는 전국에서 약 1천 명 정도였으며, 몇몇 보도에 등장한 사체도 묘지 등에서 옮겨놓은 것으로 밝혀졌다.

13_ **7/7**_ 당시 프랑스의 민방 TF1의 인기 프로그램. 1984년부터 1997년까지 사회를 맡았던 안 생클레르가 매주 스튜디오로 거물 정치인을 초대해서 한 주간의 국내외 정치문제에 대해 의견을 들어보는 프로그램으로 상당한 인기를 모았다. 하지만 안 생클레르가 사회를 맡았던 13년 동안 단 한 차례도 극우정당 국민전선의 당수 장 마리 르팽을 스튜디오로 초대하지 않았다.

14_ **TF1**_ 1937년 창립. 프랑스 방송협회의 공영 텔레비전 제1채널로 시작된, 프랑스에서 가

장 오랜 역사를 가진 최초의 텔레비전 방송국. 1986년 방송개정법에 따라 민영화되었으며, 주식의 절반은 여러 기업들이 소유하고 있다. 프랑스 시청자들에게 가장 인기가 높은 방송국이다.

15_ **New York Times_** 미국을 대표하는 전국 일간지. 전신인 〈뉴욕 데일리 타임스〉의 역사는 1851년까지 거슬러 올라간다(〈뉴욕타임스〉라는 제호는 1875년부터 사용). 우수한 편집·취재진을 보유하고 있으며, 특히 국제보도에 충실하다. 지방지 중심의 미국에서 뛰어난 신뢰도를 바탕으로 워싱턴의 정책 결정자를 비롯해 미국의 지도층 사이에게 널리 읽힐 뿐 아니라 가장 영향력 있는 고급지로 알려져 있다. 발행부수는 약 110만 부.

16_ **CNN_** 1980년 미국 조지아 주 애틀랜타에서 창립. 현재는 AOL 타임워너 그룹 산하의 뉴스 전문 방송. 세계적인 사건을 실시간으로 중계함으로써 명성을 얻었다. 전 세계 200개가 넘는 나라에 텔레비전과 라디오 네트워크를 가지고 있으며, 인터넷을 통해서도 하루 24시간, 10억 명 이상에게 뉴스를 제공하고 있는 글로벌 미디어.

17_ **L'Express_** 1953년 창간. 미국의 《타임》이나 《뉴스위크》의 포맷을 답습해서 만든 뉴스 주간지. 뉴스 주간지로서는 프랑스에서 가장 많은 발행부수를 자랑한다. 발행부수는 약 56만 부.

18_ **L'Arche de la Défense_** 1986년에 완성. 파리 외곽의 라 데팡스 지구에 세워진 새로운 개선문으로 파리의 상징물 중 하나. 35층 건물로 관청과 세계적인 기업의 사무실이 입주해 있다.

19_ **Charte des devoirs professionnels des journalistes français_** 프랑스 저널리스트의 직업 의무에 관한 헌장. 1918년 3월 저널리스트 노동조합이 자신들이 준수해야 할 강령을 직접 제정했다. 강령 속에는 저널리스트로서 지켜야 할 책임과 의무, 경영자에 대한 요구조건 등을 담고 있다.

20_ **Havas_** 1857년에 창립된 광고대행사. 전신은 1835년에 세워진 뉴스 통신사였으나 현재는 프랑스 최대의 광고·출판·종합 미디어 그룹이다.

21_ **Hachett_** 1826년 창립. 프랑스에서 가장 오래된 출판사. 현재는 세 개 회사로 나뉘어져 있으며, 세계적인 미디어 그룹인 라가데르 미디어 산하에 있다.

22_ **La Déclaration de Windhoek**_1991년 국제연합 홍보국과 유네스코가 아프리카 나
미비아의 수도 빈트후크에서 개최한 '독립적이고 다원화된 아프리카의 보도촉진에 관한
세미나'에서 채택한 선언. 민주주의와 경제 발전 과정에서 자유로운 언론 보도가 무엇보
다 필수불가결하다는 내용을 담고 있다.

제4장

1_ 원래 1차 대전의 결과에 따른 것으로, 1954년 세르비아와 크로아티아, 슬로베니아, 보스
니아, 몬테네그로, 헤르체코비나, 마케도니아 등 여섯 개의 공화국이 하나의 유고슬라비
아 연합인민공화국으로 탄생했다. 다섯 민족과 네 개의 언어, 세 개의 종교, 두 개의 문
자, 그리고 일곱 나라와 국경을 맞대고 있는 말 그대로 복잡한 다민족 국가로서의 유고
연방은, 동서 냉전의 와중에 티토 대통령이 사회주의와 비동맹, 민족 융화를 내세우며 표
면적으로는 통일 국가를 유지했지만, 1980년 티토가 사망하면서 경제 위기가 심화되자
민족 간의 갈등이 수면 위로 부상하기 시작했다. 1991년부터 1992년에 걸쳐 슬로베니아
와 크로아티아, 보스니아, 헤르체코비나, 마케도니아가 차례로 독립을 선언하면서 연방
은 해체되었고, 그 과정에서 민족 간의 격렬한 내전이 발생했다. 1992년에는 세르비아와
몬테네그로가 연합해 신유고슬라비아연방을 결성(2003년에 국명을 세르비아 몬테네그
로로 변경)했다. 특히 보스니아에서 이슬람교도와 크로아티아인, 세르비아인 사이의 갈
등과 대립은 다른 공화국까지 내전으로 끌어들여 학살과 강간이 빈발하는 비극적인 상
황이 초래되었다. 이로 인해 후에 NATO군이 공습을 하는 사태로까지 발전했다.

2_ 양국의 독립선언은 1991년 6월 25일에 나왔지만 EC(유럽공동체, 현재는 EU)가 독립선
언을 3개월 동안 인정하지 않았기 때문에 10월 8일에 다시 독립을 선언했다. 다음해 EU
와 미국 등 세계 각국이 독립을 승인했고, 5월에는 두 나라 모두 유엔에 가입했다.

3_ **Oslobodenje**_1943년 창간. 구 유고슬라비아 사라예보에서 크로아티아어로 발행되는
일간지. 오슬로보덴제는 해방을 의미한다. 발행부수는 약 6만 부.

4_ **Le Nouvel Obervateur**_1950년 창간. 프랑스의 뉴스 주간지. 사회당 지지 성향으로
공산당에 비판적인 입장을 가지고 있다. 주된 독자층은 혁신적인 지식인과 젊은 층이다.
정치와 문화 기사가 정평이 있으며, 서평과 영화평에 대한 평가도 높다. 발행부수는 약 5

만 부.

5_ **Le Bien Public**_1850년 창간. 프랑스 디종에 본거지를 둔 전국 일간지. 에르상 그룹 산하로, 발행부수는 약 5만 5천 부.

6_ **Le Pigaro**_1826년에 창간된 프랑스의 전국 일간지. 파리에서 가장 오랜 역사를 가진 신문이다. 일간지 체제로 전환한 것은 1866년부터. 1942년 독일 점령 하에서 발행이 정지되었지만 1944년 8월에 복간. 1975년부터 에르상 그룹 산하에 들어갔다. 보수적인 논조의 신문으로 독자 역시 장년층이 많다. 국제정세와 경제, 오락, 스포츠 외에 구인정보와 부동산 광고에 강점을 가지고 있다. 발행부수는 약 37만 부.

7_ **Le Messager**_1979년에 창간된 카메룬의 반체제 주간지. 발행부수는 약 1만 5천 부.

8_ **Haaretz**_1919년 예루살렘에서 창간된 이슬람 일간지. 현재는 텔아비브로 본사를 옮겼다. 발행부수는 약 8만 부.

9_ **El Pias**_1976년 창간. 스페인 수도 마드리드에 본거지를 둔 일간지. 발행부수는 약 44만 부.

10_ **La Republica**_1976년에 창간. 이탈리아 로마의 일간지. 발행부수는 약 65만 부.

11_ **Süuddeutche Zeitung**_1945년 창간. 독일 뮌헨의 일간지. 발행부수는 약 50만 부.

12_ **The Independent**_1898년에 창간된 영국의 일간지. 발행부수는 약 23만 부.

13_ **Yomiuri**_1874년 창간. 일본 도쿄에서 발행되는 일간지. 세계 최대 발행부수를 자랑한다. 발행부수는 약 1천만 부.

14_ **The Times of India**_전신인 〈봄베이 타임스〉는 1838년 창간. 인도 최대의 일간지. 발행부수는 약 140만 부.

15_ **La Marche du Siecle**_1987년에 시작된 프랑스3의 보도특집 프로그램. 부정기적으로 몇 개월에 한 차례씩 방송되지만 마약이나 범죄, 실업, 에이즈 같은 민감하고 다양한 주

제를 다루는 질 높은 탐사 보도 프로그램으로 명성이 높다.

16_ **Studio99**_ 보스니아 헤르체코비나의 수도 사라예보에 있는 민간 라디오 방송국

17_ 1991년 12월 16일 방영된 프로그램에서 TF1의 뉴스 캐스터 PPDA가 쿠바의 카스트로와 독점 인터뷰를 했다고 시청자들을 속인 사건. 'PPDA의 독점 인터뷰'라는 제목으로 전파를 탄 이 프로그램 속의 영상은 사실 기자회견 때 카스트로가 했던 코멘트와 영상을 부분적으로 추출하고, 그에 맞게 PPDA가 질문을 던진 뒤에 편집한 것이었다. 문제의 본질은 PPDA가 쿠바의 국가원수인 카스트로와 최초로 단독 인터뷰를 성사시켰다고 거짓말을 한 것이지만, 그 자신은 "내 자신은 한 번도 카스트로와 인터뷰를 했다고 한 사실이 없다. 당시 외신부장이 그렇게 제작했기 때문에 오해가 생긴 것일 뿐"이라고 변명을 늘어놓았다. 이 사건은 프랑스 언론계를 크게 뒤흔들었고, 보도 윤리에 대한 논쟁을 촉발시키는 계기가 되었다. 사건 이듬해 PPDA는 실제로 쿠바의 카스트로와 인터뷰를 했다.

18_ **Télérama**_ 1950년 창간. 가톨릭 계열의 텔레비전 주간지. 텔레비전에서 방영되는 프로그램을 소개하는 것 외에 사회문제를 밀도 있게 다루는 기사로 많은 인기가 있다. 발행부수는 약 67만부.

19_ **Fnac**_ 원래는 1954년에 트로츠키 활동가였던 두 사람의 청년이 세운 카메라와 사진 전문점. 현재는 CD와 DVD를 비롯해 서적과 카메라, 사진, 전자제품, 티켓 판매 분야에도 진출하였다. 젊은 층에 인기가 있는 대형 체인점으로 유럽은 물론이고 아시아와 남미에도 매장이 있다.

20_ 스페인과 프랑스 국경을 이루는 피레네 산맥 서쪽에 자리잡은 바스크 지방은 예로부터 고유한 언어와 문화를 가진 바스크인의 삶의 터전으로, 현재도 그 수가 약 80만에 이른다. 1936년 스페인 내전을 계기로 이 지역에는 자치정부가 탄생했지만 프랑코 독재정권이 들어서면서부터 자치권은 박탈되었고, 가혹한 탄압이 이어졌다. 온건한 바스크 민족주의당(PNV)에서 이탈한 과격파 그룹은 바스크의 조국과 자유(ETA)를 결성하고 완전 독립을 쟁취하기 위한 무장 투쟁을 전개했다. 1975년 프랑코가 죽은 뒤에 자치권을 인정받았음에도 불구하고 완전 독립을 요구하는 비합법 테러조직으로서 폭탄 테러와 납치 등을 계속했다. 하지만 바스크인에게조차 지지를 얻지 못해 고립화된 ETA는 1998년 9월 무기한 정전을 선언하고 스페인 정부와 대화를 벌였으나 결국 ETA 쪽에서 일방적으로 정전 선언을 파기하고 다시 테러 활동을 재개, 현재도 스페인 정부와 대립 상태를 유지하

고 있다.

21_ 당시 프랑스에서는 18세부터 50세까지의 성인 남성에게는 12개월(1992년에 개정된 법률
에는 10개월)의 병역 의무가 부과되었지만 종교와 사상 등의 이유로 병역을 거부한 자에
게는 그보다 장기간의 근로의무와 협력, 봉사업무로 대체할 수 있는 제도가 있었다. 하지
만 1996년에 시라크 대통령이 직업군인만으로 구성된 군대를 창설하기로 결정하면서 징
병제는 단계적으로 축소되었고, 2001년부터는 완전히 폐지되었다.

22_ 1993년에 쓴 소설 《치욕》. 이전 해 12월 인도 아요디아에서 힌두교도들이 이슬람 모스크
를 파괴하자 그 보복으로 방글라데시에서는 이슬람교도가 힌두교도들을 공격, 다수의
사상자가 발생하는 사건이 일어났다. 나스린은 이러한 이슬람교도의 폭력행위와 남성우
위 사회에 대해 작품을 통해 통렬하게 비판했다. 이는 곧바로 이슬람 원리주의 과격파의
격렬한 분노를 사게 되었고, 1993년 9월 나스린의 목에는 거액의 현상금이 걸렸을 뿐 아
니라 그녀의 체포를 요구하는 시위가 지속적으로 일어났다. 그래서 당국에서는 그녀에
게 보호감치를 명령했지만, 다음해인 1994년 5월 9일자 인도에서 발행되는 한 신문에
"코란은 단지 씌어진 것에 불과할 뿐"이라는 그녀의 발언이 전해지면서 형법상 종교모독
죄를 범했다는 혐의로 체포되었다. 그녀의 체포는 언론자유의 침해 논쟁을 불러일으켰
을 뿐 아니라 여야 간 정쟁의 도구로 변질되는 등 큰 사회문제가 되었다. 국제적인 비난
에 시달리던 방글라데시 정부는 나스린에게 보석을 허가하고 1994년 8월 스웨덴으로 출
국시킴으로써 사건을 마무리 지었다.

23_ **Bouillon de culture**_ 프랑스 국영 텔레비전 프랑스2에서 1991년부터 2001년까지 매
주 금요일 밤에 방송되어 높은 인기를 누렸던 고급 교양 프로그램. 사회자인 베르나르 피
보가 문화, 영화, 연극에서부터 모던 아트에 이르기까지 문화의 여러 단면을 거침없이 소
개함으로써 시청자들의 큰 호응을 받았다.

24_ **Magnum Photos**_ 1947년에 프랑스의 카프티에 브레송, 헝가리의 카파, 폴란드의 시무
어 등이 '세상을 있는 그대로 기록한다'는 기치를 내걸고 창립한 세계적인 사진통신사.
자주적이고 독립적으로 일하며, 사진가의 권리와 주장을 수호하는 것을 목적으로 한다.
현재 전 세계에 50여 명의 뛰어난 포토 저널리스트들이 활동하고 있다. 뉴욕과 파리, 런
던 등에 사무실이 있으며, 보도 외에 패션 같은 상업사진 분야에도 진출해 있다.

25_ **Agence France-Press(AFP)**_ 1944년 창립. 전신은 1835년에 샤를 루이 아비스가 창

립한 아비스 통신사. AP, 로이터와 더불어 세계 3대 통신사 중 하나. 165개국에 지사가 있으며, 저널리스트 수만 1천 400명에 이른다. 24시간 위성으로 방송되는 뉴스를 여섯 개 언어로 내보내고 있다.

26_ **Centre de formation des journalistes(CFJ)**_ 1946년 창설. 2차 대전 때 레지스탕 스 운동 참가를 이유로 직무 수행을 중단할 수밖에 없었던, 특히 젊은 저널리스트들에게 직업교육의 기회를 제공하기 위해 만든 파리 소재의 저널리스트 양성기관. 여기에서 교 육을 받고 현재 프랑스 언론계에서 활동하고 있는 저널리스트의 수는 2천 명에 달한다.

27_ **Courrier international**_ 1990년 창간. 파리에 본거지를 둔 주간지. 2001년부터 르 몽 드 그룹 산하에 편입되었다. 유럽과 미국은 물론 아시아와 이슬람 국가에서 발행되는 신 문 중에서 선별한 기사를 싣는 국제정치 · 경제지. 발행부수는 약 17만 부.

28_ **Parti des travailleurs Krudes(PKK)**_ 터키의 쿠르드족을 중심으로 1975년에 결성된 마르크스레닌주의 정치조직. 인구의 대부분이 쿠르드족인 터키 남동부에서 쿠르드족만 의 독립국가 수립을 목표로 하고 있다. 특히 1984년 이후 활동이 두드러져 터키 정부 관 계자를 표적으로 하는 테러를 벌이는 한편 유럽 각국에서도 터키 관련 시설을 공격하거 나 터키를 방문하는 외국 관광객을 납치하기도 했다. 그로 인해 지금까지 희생된 사람의 수는 2~3만 명으로 추정된다. 1999년 당수인 오잘란이 체포되어 사형 판결을 받자 그 이듬해에 무장투쟁을 중지하겠다고 선언했다. 하지만 2002년 오잘란의 사형이 집행되면 전투를 재개하겠다는 경고를 내외에 천명했다. '쿠르드 자유민주회의'로 개칭한 뒤 2003 년에는 '쿠르드 인민회의'로 다시 이름을 바꾸었다. 같은 해 9월 투쟁정지 선언을 일방 적으로 파기하고 테러 활동에 돌입했다.

제5장

1_ **Organisation de l'armée secreète(OAS)**_ 1961년 결성. 알제리 전쟁 말기 알제리 독립 반대와 프랑스 영유를 주장하며 테러 활동을 벌였던 프랑스 우파 군인과 식민주의 자들의 비밀군사조직. 알제리 독립 직전 수도 알제를 비롯해 전국 각지에서 폭동을 일으 켰을 뿐 아니라 프랑스 본토에서도 요인 암살 등 과격한 테러를 서슴지 않았다. 1962년 알제리 과도정권과 프랑스의 정전협정 체결 후 해체되었다.

2_ 보불전쟁(1870~71)에서 패한 프랑스는 프랑크푸르트 강화조약에 따라 프로이센(독일)
에 동부 알자스로렌 지방을 할양하고 50억 프랑의 배상금을 지불해야 했다.

3_ **Human Rights Watch**_1978년 설립. 본부는 뉴욕. 앰네스티 인터내셔널 다음으로 규
모가 큰 인권옹호단체. 미국에 본거지를 두고 있는 단체 중에서도 그 규모가 가장 크다.
차별철폐, 정치저 자유 수호, 전시 하 인명 존중, 인권침해자 제소 등 인권 수호를 목저으
로 하고 있다.

4_ **Fédération internationale des ligues des drotis de l'homme**_ 1942년 창설.
인권 옹호를 목적으로 하는 단체이며, 본부는 미국 뉴욕에 있다. 가장 역사가 오래된 단
체 중의 하나. 유엔 경제사회이사회, 유네스코, 국제노동기구(ILO) 등의 자문기구이기도
하다.

5_ **Le Soir d'Algérie**_ 1990년 창간. 알제리 알제에서 발행되는 프랑스어 일간지. 발행부
수는 약 13만 부.

6_ **El Watan**_1990년 창간. 알제리 알제에 본거지를 둔 아랍어 일간지. 발행부수는 약 9만
5천 부. 알제리 신문 중에서 처음으로 인터넷 사이트를 개설했다.

7_ **Le Matin**_1991년 창간. 알제리 알제에서 발행되는 프랑스어 일간지. 발행부수는 약 10
만 부.

8_ **La Nation**_1992년 창간. 알제리의 주간지. 약 6만 부를 발행했지만 1996년부터는 발행
중지.

9_ **Front de Libération Nationale(FLN)**_알제리 민족해방전선. 알제리 독립을 목표로
1954년에 결성된 독립저항조직. 1958년부터 게릴라전을 전개하였으며, 1962년 에비앙
협정으로 독립 달성. 1989년까지 유일 합법정당으로 정권을 장악했지만 1991년 총선거
에서 대패하였고, 이후 실권은 군부로 넘어갔다.

10_ 1988년 5월 알제리에서는 혁명정부의 독재와 잇따른 부패, 고물가와 높은 실업률, 물자
부족, 임금동결 등 오랜 기간에 걸쳐 누적된 불만이 젊은 층과 노동자를 중심으로 일거에
폭발해 수도 알제를 비롯한 주요도시에서 대규모 폭동이 일어났다. 일주일 이상 지속된

폭동으로 전국이 혼란이 빠지자 정부는 비상사태를 선언하고, 군부가 시위 진압에 나서
무차별 발포하였다. 이로 인해 300명에서 500명에 이르는 시위 군중이 사망하고, 그에
못지않은 수의 부상자가 발생하였으나 아직까지 그 정확한 수는 밝혀지고 있지 않다.

11_ **L'Événement du Jeudi**_ 1984년에 창간된 주간지. 제호는 '목요일 사건'이라는 뜻이
다. 1999년 《L'Événement》로 제호를 변경. 발행부수는 약 20만 부.

12_ 1962년 프랑스에서 독립한 알제리는 프랑스와의 관계를 중시한 민족해방전선(FLN)의
일당독재가 오랫동안 이어지다가 1989년 헌법 개정을 통해 복수정당제가 도입되었다.
이를 바탕으로 1990년에 치러진 지방선거에서 수십 년 간의 독재와 경제 악화, 종교 탄
압에 대한 국민들의 반발로 이슬람 원리주의 정당인 이슬람 구국전선(FIS)이 압승을 거
두었고, 그 뒤를 이어 1991년 12월의 총선거에서 FIS가 80퍼센트 이상의 득표율로 집권
여당인 FIN에 또 다시 크게 승리했다. 하지만 이슬람 원리주의 정권의 출범을 두려워한
군부는 프랑스를 비롯한 유럽 각국이 이슬람 정권의 등장을 반대한다는 명분을 내세워
대통령을 사임시키고, 의회를 해산시켰다. 그리고 2차 투표를 중지시키고, 1차 투표 결
과를 무효화하는 등 사실상의 쿠데타를 일으켜 실권을 장악했다. 이에 반발한 FIS는 게
릴라 활동을 벌이며 전국에서 반정부 테러를 저질렀다. 이후 FIS와 이를 진압하려는 당
국 사이에 격렬한 충돌이 지속되면서 정국은 혼란의 소용돌이 속으로 빠져들고 말았다.
이 기간 동안 사망한 사람의 수만 10만이 넘는 것으로 알려져 있다.

13_ 1962년 벨기에에서 독립한 르완다는 1973년에 발생한 무혈 쿠데타 이후 후투족 출신 하
비야리마나 대통령의 독재정권이 오래도록 이어지면서 다른 종족인 투치족은 가혹한 탄
압을 받았다. 이로 인해 주변국인 우간다로 이주해간 투치족을 중심으로 결성된 르완다
애국전선(FPR)이 1990년 9월 르완다를 침공, 북부지역을 장악하면서 르완다 정부군과
격렬한 전투가 벌어졌다. 1992년 정전협정이 조인되었지만 그 이듬해부터 전투가 재개
되어 여름에 다시 포괄적인 평화협정이 체결되었다. 하지만 새로운 정부에 전권을 넘겨
주기로 약속한 하비야리마나 대통령은 1994년 1월, 자신의 대통령 재선을 일방적으로 선
언하였다. 그로부터 3개월 뒤인 4월 6일, 부룬디 대통령과 동승한 비행기가 르완다 수도
키갈리 부근에서 피격, 탑승자 전원이 사망하는 사건이 발생했다. 이를 계기로 르완다 정
부군과 르완다 애국전선 사이에 대립이 격화되었고 "이 사건은 투치족의 소행"이라고 선
동하는 라디오 방송(RTLM)을 비롯, 미디어를 통한 프로파간다가 이어지자 분노한 후투
족 주민들이 투치족을 학살하기 시작했다. 이로 인해 불과 3개월 사이에 무려 80만에서
100만에 이르는 투치족 주민과 후투족 온건파 주민이 학살되었다. 사태가 심각한 양상으

로 전개되자 유엔이 개입했으나, 7월 19일 르완다 애국전선을 중심으로 하는 신정권이 수립되면서 보복을 두려워한 후투족 주민들이 대량으로 주변국으로 도망쳐 난민으로 전락했다. 사태 수습을 위해 신정권에 후투족이 참여하기도 했지만 식민지 시대부터 배양된 두 종족간의 뿌리 깊은 대립과 갈등은 여전히 남아 있는 실정이다.

14 **Radio télévision libre des mille collines(RTLM)_** 1993년 개국. 르완다 하비아리마나 대통령의 자식을 비롯해 정부와 군의 고관, 후투족 과격파가 설립한 민간 방송국. 텔레비전이 없는 데다 수도 이외에는 활자 미디어를 거의 접할 수 없는 르완다에서는 라디오가 거의 유일한 정보원인 상황에서 디스크자키의 경쾌한 진행과 유행음악이 흐르는 라디오 프로그램은 방송 개시 때부터 젊은 층을 중심으로 폭발적인 인기를 모았다. 하지만 1994년 하비야리마나 대통령이 비행기 피격으로 암살당하자 방송을 통해 "대통령을 죽인 것은 투치족"이라고 주장하면서 "창을 들고 나가자" "큰 나무를 베어버려라"는 등 투치족 살해를 암시하는 프로파간다를 연일 내보냄으로써 그 뒤 3개월 동안 벌어진 대량학살을 선동하는 데 주도적인 역할을 했다. 대통령이 탑승한 비행기가 피격되기 며칠 전부터 이미 사건을 예견하는 듯한 방송을 내보냈을 뿐 아니라 대통령 사망 후에는 재빨리 사건 소식을 전하기도 했다. 학살과 관련된 방송을 내보낸 책임자들은 알제리의 국제법정에서 재판을 받았지만, 아직 다수의 관련자들은 국외 도피 중이다. 현재 방송국은 폐쇄되었다.

15_ **Front Partriotique Rwandais(FPR)_** 르완다 애국전선. 르완다 독립 전후 국외로 추방된 투치족의 후손과, 후투족 중에서도 반체제파가 가담하여 1980년대 말에 주변국인 우간다에서 결성된 조직. 르완다 대통령 카가메가 이끄는 집권정당이기도 하다. 우간다군의 투치족 병사도 다수 가담하여 군사적으로도 잘 훈련된 정예이다. 우간다를 거점으로 르완다 국경을 넘나들며 수시로 정부군을 공격하였고, 1990년 르완다 북부지역을 장악하였으나 그로 인해 내전이 발생하기도 했다. 대학살이 벌어진 뒤인 1994년 7월 정권을 장악했다.

16_ **Haut-Commissariat aux réfugiés(HCR)_** 1951년 창설. 본부는 스위스 제네바. 난민문제 해결을 위한 유엔의 자립적 보조기관. 인도적 입장에서 난민을 국제적으로 보호하는 기관으로 식료품과 주거 등을 원조하고 있으며, 의료지원 활동도 하고 있다. 여러 국제기관이나 NGO 등과 제휴·연대하면서 직무를 수행하고 있다.

17_ **Interahamwe_** 약 80만에서 100만으로 추정되는 투치족과 온건파 후투족을 학살한 후

투족 과격파 조직. 투치족이 중심이 된 르완다 애국전선 정권이 들어서자 자이레 동부지역으로 도망친 뒤에도 계속 국경을 넘나들며 공격을 하고 있다.

18_ **Télé-Diffusion de France**_1974년 창설. 프랑스 방송협회 해체에 따라 창설된 조직. 텔레비전, 라디오, 인터넷에 기사를 배급하는 회사.

19_ **Fondatoin Hirondelle**_1995년 창설. 주로 분쟁지역에서 라디오를 중심으로 한 미디어를 설립, 객관적인 방송을 내보냄으로써 난민과 분쟁 과정에서 발생한 부상자들을 구제하기 위한 조직. 이 책에 나오는 것처럼 1994년 르완다 대학살을 계기로 만들어진 라디오 아가타시아 외에 코소보 분쟁 당시의 라디오 오브 블루 스카이, 티모르 난민을 위한 라디오 등 세계 여러 분쟁지역에서 지속적으로 방송을 내보내고 있다.

20_ 국경 없는 의사회는 세계 18개국에 지부가, 2개국에 사무국이 있으나 본부는 특별히 존재하지 않는다. 국제헌장에 기초해 각기 독립적으로 활동하는 다소 느슨한 형태의 네트워크로 구성되어 있다.

21_ 1998년 8월 구 자이레(현재는 콩고민주공화국)에서 시작된 분쟁. 1994년 르완다 대학살 때 르완다에서 탈출한 난민이 구 자이레 동부지역으로 대량 유입되어 긴장이 고조되었다. 르완다에서 도망쳐 나온 후투족 급진파와 자이레 동부의 투치족 주민 사이에 충돌이 발생하자 자이레 정부는 1996년 4월 투치족 주민을 공격하기 시작했다. 그러자 르완다의 지원을 받은 투치족 중심의 무장조직 콩고 · 자이레 해방민주세력연합(ADFL)이 반격을 가했다. ADFL이 1997년 5월 수도 킨샤사를 장악하자 모부투 대통령은 망명을 하고 정권은 붕괴되었다. 그 뒤 ADFL의 로랑 카빌라가 대통령에 취임하고 국명을 콩고민주공화국으로 바꾸었다. 하지만 카빌라가 르완다의 투치족계 정부의 영향력을 배제하고 후투족 세력을 보호하자 ADFL은 카빌라에게 반기를 들었고, 1998년에 동부지역을 중심으로 다시 내전이 벌어졌다. 이 내전은 다이아몬드를 비롯한 풍부한 광산자원에 대한 권리도 갈등의 배경으로 작용했는데, 짐바브웨와 나미비아, 앙골라 등의 지원을 받은 정부군과, 우간다와 르완다 등의 지원을 받은 반정부군 사이에 격렬한 전투가 벌어져 200만에서 300만이 사망한 것으로 알려져 있다. 1999년 여름 간신히 정전협정이 체결되었지만 전투는 계속 이어졌고, 내전 종결을 위한 노력에도 불구하고 무법상태가 장기간 지속되었다.

22_ **Karthala**_1980년 창립. 주로 아프리카와 아랍 이슬람 사회 등에 관한 저작을 펴내는 파리의 출판사.

23_ **révisionnisme**_ 1980년대 유럽을 중심으로 세계 역사가들 사이에서 홀로코스트를 비롯한 과거 나치 독일의 행적에 대한 논쟁이 활발하게 벌어졌다. 이때 홀로코스트를 부정하고, 역사적 사실이 아니라는 주장을 폈던 일군의 학자들이 있었다. 역사 해석에서 기존의 정설을 무시하고 다른 주장을 펴거나 그 입장을 가진 사람, 또는 그러한 사상을 지칭한다.

24_ **Baise-Moi**_ 2000년에 제작된 프랑스 영화. 원작과 각본, 감독에 비르지니 데팡트. 코랄리 트린티가 함께 각본을 쓰고, 공동 감독을 맡았다. 전혀 알지 못하는 두 여성(포르노 배우와 매춘부)이 우연히 만나서 살인과 섹스에 탐닉하는 일주일간의 비도덕적인 행각을 담은 충격적인 내용으로 프랑스에서 상영금지 소동을 일으켰다. 영화 제목은 '날 강간해줘'라는 뜻이다.

25_ **Kinyamateka**_ 1933년 창간. 키갈리의 격주간지. 르완다 가톨릭 교회에서 발행하며, 발행부수는 약 1만 부.

26_ **Golias**_ 1985년 창간. 프랑스 리용에 본거지를 두고 있는 격주간지로 급진적인 성향의 가톨릭 계열 잡지. 발행부수는 약 1만 2천 부.

27_ **African Rights**_ 1993년 설립. 아프리카에서 인권 옹호를 주된 목적으로 하는 NGO. 휴먼 라이트 워치의 아프리카 담당자들이, 소말리아의 다국적군 침공을 둘러싸고 벌어진 내부 논쟁 끝에 탈퇴하고 설립한 조직이다. 본부는 영국 런던에 있다.

28_ **Tribunal pénal international d'Arusha**_ 1994년 11월 유엔 안보리 결의 제955에 따라 탄자니아 아루샤에 설치된 국제형사재판소. 1994년 1월 1일부터 12월 31일까지 1년 간 르완다에서 벌어졌던 대학살을 비롯해 그 밖의 국제 인도법에서 규정한 중대 범죄에 책임이 있는 자, 또 같은 기간에 발생한 인접국에서의 국제법 위반 행위에 대한 범죄 소추를 목적으로 설립된 법정.

제6장

1_ **Cuba Press**_ 1995년 설립. 언론자유를 요구하는 저널리스트 라울 리베로가 설립한 쿠

바 수도 아바나의 민간 출판사.

2_ **CAPA Production**_ 1993년 설립. 텔레비전 프로그램 등을 주로 제작하는 파리의 프로덕션.

3_ **Sommet de la Francophonie**_ 미테랑 대통령 시절인 1988년에 시작된 프랑스권 국가의 수뇌 회담. 프랑스의 영향력을 확보하고, 프랑스어 사용 국가의 연대를 강화하기 위한 목적으로 만들어졌다. 1987년 이후에는 2년에 한 차례씩 열리고 있다.

4_ **International freedom of expression network(Ifex)**_ 1992년 설립. 국경 없는 기자회를 비롯해 전 세계 57개 언론 관련 단체가 언론자유의 침해에 효과적으로 대응하기 위해 만든 국제적인 네트워크. 본부는 캐나다 몬트리올에 있다.

제7장

1_ **L'Indépendent**_ 1993년 창간. 노르베르트 종고가 창간한 부르키나파소의 반체제 신문. 현재는 휴간 중이다.

2_ **Le Canard enchaîné**_ 전신은 1915년에 창간된 파리의 주간지. 독립성을 유지하기 위해 일체 광고를 받지 않는 잡지로 알려져 있다. 통렬한 풍자와 정재계의 스캔들을 해부함으로써 지식인과 학생들에게 인기가 있으며, 정치적인 영향력 또한 상당하다. 발행부수는 약 45만 부.

3_ **franc de CFA**_ 프랑스 식민지 시대에 만들어진 서아프리카와 적도 아프리카 지역 통화의 단위. CFA는 원래 아프리카 프랑스령 식민지(Colonies Française d'Afrique)를 의미했지만, 식민지 시대의 종식과 함께 아프리카 금융공동체(Communauté Financiére Africaine)를 약칭하는 말로 바뀌었다. 1948년 이후 1프랑스 프랑은 50CFA 프랑으로 고정되었지만 1994년 1월부터 1프랑스 프랑이 100CFA 프랑으로 바뀌었고, 현재는 유로 도입에 따라 1유로가 약 656CFA 프랑 정도로 계산되고 있다.

4_ **Organisation de l'unite africaine(OUA)**_ 1963년 에티오피아의 수도 아디스아바

바에서 아프리카의 통일과 연대, 인민생활 향상을 위한 상호협력, 주권존중, 영토보전, 독립옹호, 식민주의 청산 등을 목표로 53개국이 회원으로 참가해서 설립한 세계 최대의 기구였지만 2002년 아프리카 연합(Union Africaine)의 발족과 함께 해체되었다.

5_ **Horizon FM**_1987년 창립. 서아프리카 프랑스어권 국가를 대상으로 하는 최초의 상업 민간 FM 방송국. 본사는 부르키나파소의 수도 와가두구에 있다. 미국에서 귀국한 음악가가 만든 방송국으로 1990년부터 방송을 시작했다. 부르키나파소 국내 각 도시에도 순차적으로 지국을 개설했다.

6_ **L'Autre Afrique**_1997년 창간. 아프리카 문제를 다루는 프랑스 주간지. 2000년 폐간.

7_ 2차 대전 이후 아시아와 아프리카 등에서 식민지가 독립을 함으로써 구미열강의 식민지 체제는 종언을 고했지만, 정치적 독립을 채 달성하지 못한 국가에서는 과거 식민 종주국과의 경제적인 관계를 강화하는 나라도 생겨났다. 그러한 경제적 지배를 기반으로 정치적으로도 종주국의 의도와 이해에 지배되는 형태를 띠게 되었다.

제8장

1_ **Tchétchénie**_러시아 연방 내 남부지역의 북카프카스에 있는 공화국. 수도는 그로즈니. 종교는 이슬람교. 18세기에 제정 러시아에 강제합병되었다. 소련 시대에는 서쪽으로 인접한 잉구슈와 함께 체첸·잉구슈 자치공화국을 형성했지만 소련 연방이 붕괴된 1991년 우다예프 대통령이 독립을 선언했다. 하지만 이를 인정하지 않은 러시아의 옐친 대통령은 1994년 군대를 보내 체첸을 점령했다. 그러자 체첸인의 독립운동이 끊임없이 이어졌고, 이슬람 원리주의 세력의 지원도 더해져 내전은 장기화되었다. 1997년 러시아와 화평조약을 맺었지만 그 후에도 이어진 테러 공격과 이를 저지하려는 러시아군 사이에서 충돌이 계속되고 있다.

2_ 레바논에서 취재 중이던 프리랜서 저널리스트인 장 폴 카우프만(1985년 5월 22일)과 국영 텔레비전 방송국 프랑스2의 저명한 저널리스트 필립 로쇼(1986년 3월 8일)가 이슬람 시아파 급진 그룹 '헤즈볼라'로 보이는 일단의 테러 조직에 납치되는 일이 발생했다. 로쇼는 3개월 뒤인 1986년 6월 20일에, 카우프만은 3년 뒤인 1988년 5월 4일에 풀려났다.

3_ 2000년 5월 24일, 시에라리온의 수도 프리타운에서 약 100킬로미터 떨어진 로크벨리 부근에서 외국인 저널리스트를 태우고 취재 현장으로 향하던 버스가 공격을 받는 일이 발생했다. 이 사건으로 로이터와 AP통신의 저널리스트가 그 자리에서 숨지고, 다른 두 명의 저널리스트도 부상을 당했다. 이 사건은 지금까지도 그 배후가 정확하게 밝혀지지 않았지만 반정부조직인 혁명통일전선(RUF)의 소행으로 추측되고 있다.

4_ **Association Press(AP)_** 1848년 창립. 세계적인 규모를 자랑하는 미국 최대의 뉴스 통신사. 뉴욕에 본사가 있으며, 전 세계에 250여 개의 지국이 있다. 전신은 'Harbor news Association' 으로, 뉴욕에 입항하는 외국 선박으로부터 뉴스를 취재하기 위해 뉴욕의 여섯 개 신문사가 설립한 것이다. 신문과 방송 등 가맹한 언론사가 자금을 분담하는 비영리법인으로 정부로부터 완전히 독립되어 있다. 로이터, AFP 등과 함께 세계 3대 통신사 중의 하나.

5_ **Paris-March_** 1928년에 창간된 프랑스 최대 사진 주간지. 지금의 제호를 쓰기 시작한 것은 1949년부터이며, 발행부수는 약 75만 부. 여성 독자가 많다.

제9장

1_ 라디오 방송국 라디오 마리아(radio maryja)를 비롯한 가톨릭 계열의 보수적인 미디어.

2_ 예를 들면, 극우민족주의 정당인 대(大)루마니아당에서 발행하는 주간지 《롬이니아 마레》와 《폴리티카》 등.

3_ **Cartel de Cali_** 콜롬비아에서 메데인 카르텔 이후 등장한 세계 최대 마약범죄 조직. 콜롬비아 국내에서 다수의 경찰관과 정치가, 판사, 저널리스트들을 살해한 악명 높은 조직이다.

4_ **Cartel de Medellin_** 콜롬비아의 메데인에 본거지를 둔 마약범죄 조직. 1981년 결성되었으며, 이들의 1980년대 마약 밀수 규모는 콜롬비아 국내총생산(GDP)의 10퍼센트 이상을 차지한 것으로 알려져 있다. 그로 인해 정부와 끊임없는 마약 전쟁을 벌이는 과정에서 1993년 조직의 일인자였던 파울로 에스코바르가 사살됨으로써 세력이 급속하게 약

화되었다.

5_ 조직 수 약 1만 개, 조직원 수는 수십만 명에 이르렀던 러시아의 마피아는 최근 조직 통합을 통해 그 수는 줄었지만 세력은 더욱 강력해졌다. 이들은 관료나 특권계층과 손을 잡고, 매춘과 마약 거래, 무기 판매, 은행을 포함한 금융업 등 러시아 경제 전 분야로 세력을 확장하고 있다.

6_ 1947년 영국에서 독립한 이후 인도와 파키스탄은 주민의 대다수가 이슬람교도인 인도 북부 카슈미르 지역에서 세 차례나 전쟁을 벌여 그때마다 영토 경계선이 바뀌었다. 현재 동쪽 지역인 잠무 카슈미르는 인도가, 서쪽 지역인 아자드 카슈미르는 파키스탄이 실질적으로 지배하고 있으나 잠무 카슈미르 내에는 파키스탄에 있는 이슬람 단체의 지원을 받아 반인도 투쟁을 하는 세력과, 카슈미르의 독립을 주장하는 군사조직, 또 여기에서 파생된 각종 조직들이 난립하고 있는 상태이다.

7_ **Euskadi Ta Askatasuna(ETA)_** 비합법결사 '바스크의 조국과 자유'. 프랑코 독재정권 하에서 바스크어 사용을 금지당하는 등 노골적으로 억압을 받았지만 비교적 온건하게 대응했던 바스크 민족주의당(PNV)에서 1958년 젊은 세대를 중심으로 한 급진파가 반프랑코를 기치로 내걸고 결성한 조직. 프랑코 사후 스페인에서 민주화가 이루어지면서 점차 존재 의의를 잃어버리게 되었으나 그와 반대로 활동은 더욱 과격한 양상을 띠게 되었다. 계속적인 테러가 이어지다가 1998년 초 무력 사용 중지를 선언하고 정부와 협상을 벌였지만 진전이 없자 다시 테러 활동을 재개했다. 현재 이 조직의 테러 활동으로 희생된 사람의 수는 800명에서 900명에 이른다.

8_ **Somalie_** 인도양에 접한 동아프리카의 국가. 수도는 모가디슈. 1960년 독립. 1991년 바레 대통령이 추방되면서 내전이 발생, 치안 악화와 극도의 기아로 유엔이 개입하였다. 유엔 결의로 다국적군이 파견되었지만 전투는 더욱 격화되었으며, 이후 상황 수습을 위한 많은 노력에도 불구하고 지금까지도 내전의 불씨가 꺼지지 않은 채 남아 있다.

9_ **Front Islamique du Salut(FIS)_** 알제리의 이슬람 원리주의 테러 조직. 원래는 1988년에 결성된 이슬람 계열의 합법적인 대중정당이었다. 1991년 총선에서 80퍼센트 이상의 지지를 얻었지만 서구 각국에서 이슬람 세력의 집권을 꺼리자 군부가 선거 무효화를 선언하면서 비합법 조직이 되었다. 그로 인해 테러에 의한 투쟁노선으로 전환하고 무장 이슬람 그룹 GIA와도 연대하여 테러 활동을 펼쳤다. 1997년을 고비로 온건화 경향을 보

이고 있다.

10_ **Geoupe islamique armé(GIA)**_ 1990년대 초에 결성된 이슬람 원리주의 테러 조직으로 본거지는 알제리에 있다. 이슬람 국가 건설을 목표로 정부 전복을 꾀하고 있다. 확실한 지휘계통 없이 다수의 소집단으로 구성되어 있어 이합집산을 거듭하고 있다. 1991년 이슬람 구국전선(FIS)이 선거에서 승리를 거두었음에도 불구하고 무효화되자 1992년부터 저널리스트와 민간인을 살해하는 등 무차별적인 테러 활동을 벌였다. 아프가니스탄에서 고도의 군사훈련을 받은 인물이 다수 가담해 있으며, 조직원이 유럽에서도 활동 중이다. 국제적인 테러 조직인 알 카에다와도 깊은 관계를 맺고 있는 것으로 알려져 있다.

11_ **Groupe Bellini**_ 프리 저널리스트들이 취재를 위해 분쟁지역에 들어갈 때 가입하는 보험을 비롯해 주로 언론 종사자들을 대상으로 주택과 교육 등에 관한 사회보험을 제공하는 기업 그룹.

12_ **Nouvelles Messageries de la Press Parisienne(N.M.P.P.)**_ 1947년 설립. 파리에서 발행되는 신문이나 잡지 같은 출판물의 출하와 배송을 담당하는 조직. 정부 주도로 대다수 출판사가 연합해서 만든 조직이다.

13_ 미국의 인터넷 기업 야후(Yahoo)가 옥션에서 나치 관련 상품을 판매한 행위에 대해 파리의 '인종차별과 반유대주의에 대한 국제연맹'과 '프랑스 유대인 학생조합'이 프랑스 법원에 제소한 일이 있었다. 2000년 11월 20일, 프랑스의 대법원은 야후에 대해 영어로 작성된 그 사이트에 프랑스 국민이 접속할 수 없도록 검색 엔진을 필터링하라는 판결을 내렸다. 판사는 야후가 90일 이내에 이 판결을 지키지 않으면 하루에 10만 프랑씩 벌금을 물리겠다고 판시하면서 인종차별을 엄격하게 처벌하는 프랑스 국내법을 존중하라고 판시했다. 이를 계기로 어떤 한 나라의 사법기관이 다른 나라의 사기업체에게 그러한 명령을 내리는 것이 가능한가를 놓고 격론이 벌어졌다. 야후 측은 기술적으로 어렵다는 이유로 판결에 불복하겠다는 의사를 보였지만 자발적으로 옥션에서 나치 관련 상품을 철거하는 동시에 프랑스 법원의 판결이 본국인 미국에서는 무효라는 사실을 확인하기 위해 캘리포니아 지방법원에 소를 제기했고, 법원에서는 그와 같은 사실을 인정하는 판결을 내렸다. 그리고 애당초 문제를 제기했던 프랑스의 원고 측에서는 다른 관련 단체를 끌어들여 제2의 소송을 제기했지만 파리의 법원에서는 2000년 3월 기각했다.

14_ **la loi Gayssot**_ 정식으로는 **la loi Gayssot-Fabius**라고 하며, 1980년대 이후 홀로코

스트 부정론이 한참 대두되고 있던 시기인 1990년에 프랑스에서 제정된 법률. 뉘른베르크에서 규정한 '인도적인 범죄'를 부정하는 자를 처벌하는 제도이다. 이 법률을 위반한 자는 1개월에서 1년에 이르는 금고형에 처하거나 2천 프랑에서 30만 프랑의 벌금형, 혹은 이 두 가지 중에서 한 가지 처벌을 받는다. 이 법률에 따르면, 예를 들어 "아우슈비츠는 존재하지 않았다"는 등의 발언을 공개석상 하면 프랑스에서는 유죄로 인정되어 처벌받는 것으로 되어 있다.

15_ 현재 미국 헌법은 1788년에 제정된 것으로, 그 후 여러 차례 수정 조항이 부가되었다. 수정헌법 제1조(1791년)는 "연방 의회는 국교를 정하거나 또는 자유로운 신앙 행위를 금지하는 법률을 제정할 수 없다. 또한 언론·출판의 자유나 국민이 평화롭게 집회할 수 있는 권리 및 불만 사항의 구제를 위하여 정부에게 청원할 수 있는 권리를 제한하는 법률을 제정할 수 없다"고 명시하고 있다.